不完美的他/她

缺憾
是動人愛情的調味料，
因為缺陷才有美好

章含，劉燁 —— 著

熱烈傾訴愛意的同時，也請勇敢擁抱不完美

「我應該為了他/她，改變自己嗎？」

「在一起後，卻發現他/她跟我想的不一樣……」

當不完美的兩人相遇，怎樣才能碰撞出完美的戀愛？

崧燁文化

目錄

序言
女人篇
第一章 女人真假
「我化妝都是為了你」……14
「你人真好」……14
「我絕不會說出去」……15
「你的領帶真高級」……16
「我實在太蠢了」……17
「我不在乎你的外表」……18
「我不在乎你的過去」……18
「情人節不用送禮」……19
「只要愛情，不要麵包」……20
「永遠愛你」……20
第二章 女人個性
掩飾嫉妒不等於寬容，承認嫉妒才是灑脫……22
比女人更多采多姿的，是女人的包包……23
總是想成為小說女主角……24
敏感不等於情緒不穩……24
為什麼戀愛中的女人更美麗？……25
真正的羅曼史是讓她知道：妳很獨特……25
當沒有了熱戀期的新鮮感……27
害怕孤獨，渴望親密……28
女人就像一隻貓，需要常常被撫摸……28

第三章 女人毛病

喜歡打探別人隱私的女人……30
優柔寡斷的女人……31
貪小便宜的女人……32
依賴心很重的女人……32
自以為是的女人……33
特別在乎他人反應的女人……34
不理性的女人……34
會胡思亂想的女人……35
喜歡被讚美的女人……36
愛跟流行的女人……36
自我中心的女人……37
沒有主見的女人……37

第四章 女人煩惱

讓感情產生裂痕的，往往是一些小事……39
請勇敢走入充滿光亮的人群裡……40
如果遇到職場性騷擾，應該……42
男人不是妳世界的中心……43
離婚女人一碰就碎的感情世界……45
自討苦吃的女人必須學會自我鼓勵……46
擔心丈夫「身在曹營心在漢」……48
在「男人職場」的生存遊戲……50
女人一旦發現自己的潛力，
就容易「瘋狂」工作……51

第五章 女人弱點

「情人眼裡出西施」……53
經不起男人猛攻……55
失戀後的自卑心理……56
不要落入俗氣，
成為一名愛碎念的女人……57
不是找到「長期飯票」就沒事了……58
徐娘半老，也可以風韻猶存……59

「裝傻」讓妳自降一級……60
女人友情的背後……61
妳是「謙虛」還是「不自信」？……62
自信的女人最美麗……63

第六章 女人優點
成為一名女人味十足的女人……65
「猶抱琵琶半遮面」的羞澀魔力……66
善良是一種選擇……67
記憶力驚人的女人……68
女人的異常神準的「第六感」……69

第七章 女人秘密
怎樣的體態才叫健康美麗？……70
容易傷害女人的三種動作……71
健康女人會做得四件事……71
使妳的頸部更迷人……74
擁有健美的腰部……74
擁有健美的腹部……75
有益臀部的健美運動……76
還妳一雙修長美腿……77
女性殺手：乳腺癌……78
懶人也可以擁有完美身材……79
女人的性感「小心機」……80
成為懂得享受性愛的女人……83
四週「性」福訓練……84
女人性冷淡的五種原因……87
泌尿系統感染的防治……88
潔癖對陰部不利……90
陰部不適？安啦不是性病……90

第八章 女人事業
傳統女人vs.現代女人……92
成功女人「不成功」……93
高情商面對職場大男人主義……94

別讓你的成功對男人造成壓力 95
剛中帶柔的職業女性 96
控制不住感情的人，如何管理別人？ 96
當妳成為女人的敵人…… 97
七種天雷的職場同事 98
成為一名讓部下心服口服的女主管 100
學會做一名輕鬆女人 102

第九章 女人策略

不要做的十九種「公主」行為 104
女人的目光，是灼人的熱浪 105
一笑傾城，再笑傾國 106
以柔克剛 106
請不要成為花瓶 107
勿做「長舌婦」 108
屬於妳的風情萬種 109
妳是自卑的女人嗎？ 109
總是忍不住嫉妒別人 111
想得到最多的愛，
先成為最體貼的女人 112
做一名善解人意的女人 113
聰明的女人善用欲擒故縱法 113
給男友一點「情緒空間」 114
人妻新手的五大守則 114
二十道是非題，
看妳的妻子學分有沒有及格 116

第十章 女人男人

從十個細節看男人的真面目 118
妳知道男友的戀愛動機嗎？ 121
男人也會受傷 122
面對渣男劈腿時妳應該…… 123
解析三種常見的浮誇男人 126
從穿鞋看對方是什麼樣的男人 128

請不要「治療性吵架」……129
先處理心情，再處理事情……131
請隨時關注伴侶的健康……131
讓丈夫更愛自己的十五條構想……133
不要當愛情的傻子……134
成為戀愛節奏大師……135
婚姻中的七個危險期……136
老公做這十件事，妳的婚姻亮紅燈……138
九大蠢招把婚姻搞垮……141
請不要執著於男人的隱私……143
職場女性需要這樣的男人……144
嫁了就毀了的七種男人……145
完美的婚姻，需要完美的性愛……147
讓男人「性」趣滿滿……148

男人篇

第一章 男人弱點

男人也撒嬌……152
男人嫉妒心的陪襯物，可能是鮮血……154
「前男友」是最大的敵人……155
你的「休閒」其實是「無聊」……156
開黃腔也有很多種？……158
男人通常很「多心」……158
男人其實常常有罪惡感……159
如果男人吃醋了他會……160
你不是她的「救命騎士」……161
你其實可以不用那麼獨立……162
你還活在「大男人主義」裡嗎？……163

第二章 男人毛病

愛干涉女友的裝扮的男人……166
有攻擊性行為的男人……168

愛喝酒的男人……168
愛打賭的男人……170
愛打架的男人……171
愛裝內行的男人……171
迷戀球賽的男人……172
愛面子的男人……173
自鳴得意的男人……174
不溫柔的男人……175

第三章 男人優點

令人著迷的男人陽剛美……176
男人的友情像酒，越久越香醇……177
公主語錄中的「好男人」……177
優秀的男人懂得「自嘲」……179
真男人耐得住寂寞……180
真男人不會被左右情緒……181
成功的男人必備哪些特質？……182

第四章 男人秘密

攝護腺肥大……184
慢性攝護腺炎有哪些表現……185
如何治療慢性攝護腺炎……186
男人的保養小知識……187
從香水喜好，看你是哪一類型的男人……188
乳腺癌……189
男性不育的四個原因……190
睾丸疼痛怎麼辦……191
男人拒絕中年發福的七大妙方……192
巧克力、果汁、啤酒、可樂，哪一種最容易胖？……193
影響男人減肥成功的五大因素……194
醫生的七個健康忠告……195
男人保腎的措施……197
影響壯陽的八大器官……198

PPT法與性關係……202
性冷感及治療……203
陽痿及其防治……204
性交後不宜喝冷飲……206
「多與少」的疑慮……207
男人衰老十大特點……208

第五章 男人策略

成為「王子」的三項標準……210
男人的健康規則……211
男人必修的心理健康課……213
成功男人的十種良好習慣……215
成功男性的十種心理調適……217
男人減壓良方……219
初次約會四大忌……220
你的男友／老公學分合格嗎？……221
如何知道女人喜歡什麼樣的男人？……222
如何對待不做家事的妻子？……224
如何對待愛交際的妻子？……224
如何對待不會理財的妻子？……225
如何對待不孝敬長輩的妻子？……226

第六章 男人女人

創造一次完美約會……228
如何才能獲得女人的好感？……229
哪些徵兆表示女人愛上你？……230
如何觀察女人是否適合你？……231
愛情觀的五大誤區……232
戀愛是男人一生的小部分，卻是女人的全部……233
九個浪漫構想，讓你的男人自覺不同凡響……233
別做女人不喜歡的十六種男人……234
維持幸福婚姻的祕訣……236

吵架「八不」原則……237
婚姻中的十大地雷……239
雙方要勇於自責……240
家庭和睦的實用祕訣……240
伴侶間的四種語言……242
不要自我中心……243
受歡迎的男人有哪些特質？……244

序言

天地萬物中，人最複雜，男人與女人就好比硬幣的正反兩面，任何一面都複雜異常，任何一面都無法一眼看穿。

男人和女人，是一個永不過時的話題。先哲闡述了無以計數的至理名言，才高八斗、學富五車的學者也抒發了多如繁星的醒世格言。但所謂名言和格言，不是因為時代的局限性，就是因為個人偏見或理念不同，不是以點代面、以偏概全、一葉障目，或是顛倒是非，混淆視聽，就是觀念陳舊，人云亦云或是浮光掠影、淺嚐輒止，都不足以使人明白真相。之所以敢如此口無遮攔、大放厥詞，看準的就是男人、女人永遠是個說不清、道不明的話題。公說公有理，婆說婆有理，這句話用在男人、女人的話題上，實在是再合適不過。

有人說「男性重行動，女性重感情；男性長於抽象觀念，女性長於感性直覺」，這也僅僅是一般而論。

那麼，如何看待男人與女人？

其實，男人和女人就像寸有所長，尺有所短，男人自有其可歌可泣的優點，也有其可鄙可夷的劣根；女人自有其可愛可親的長處，也有其可氣可惱的頑習。因此，看待男人與女人，要脫離世俗的成見，要客觀從生理、心理等多方面觀察、分析、探討、比較再定論。當知，若非陰陽互補，哪來和諧宇宙；若非男女有別，何來世界精彩。七畫是「男」，三畫是「女」，「七」加「三」才是完美的整數，於是這個世界不能單有男人或只有女人，正如法國作家莫洛亞說：「沒有兩性的合作，就沒有真正的文明。」

男人是本耐讀的書，女人更是一本需要潛心研讀的書。尼采曾說：「同樣的激情在兩性身上有不同的節奏，所以男人和女人不斷產生誤會。」可見，兩性之間要想和諧共存，需要一個彼此接受、理解、適應的過程。

女人篇

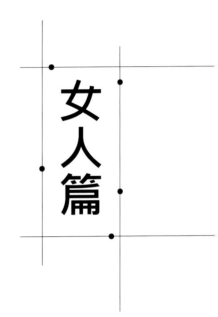

女人篇

第一章 女人真假

分清楚女人說的是「真話」還是「真實的謊言」，免得被人戲稱高智商全灌水。

「我化妝都是為了你」

你可以相信「士為知己者死」，但千萬別信「女為悅己者容」。

許多女人出門前會仔細梳妝打扮，裝滿粉、霜、膏的瓶子，排列得和實驗室的試管一樣多，五顏六色的衣服足可以開一家服裝店。這種女人寧願窮一點，少吃少喝順便減肥，但千萬不能虧待自己的臉。

倘若真是「女為悅己者容」，那為什麼無數人妻在家不修邊幅，一出門就打扮得光彩照人？為什麼每每出門之前，寧可將做不完的家事放在一邊，也要騰出時間化妝打扮？

「女為悅己者容」應改為「女為悅人而容」。女人顧盼生姿走進辦公室，辦公室立刻熠熠生輝，男士工作效率倍增；女人百般嫵媚在大街上「勝似閒庭信步」，街面上立刻生機勃勃，氣韻生動。這種現象對於丈夫來說當然無法容忍，所以當女人對你說：「我化妝都是為了你！」時，你就要好好衡量這句話中有幾分真情了。

「你人真好」

有一句話說：無事獻殷勤，非奸即盜。假如有一天你的女友不斷誇你度量大的時候，你要做好有麻煩的心理準備。

在一次針對二十到四十歲女性關於心目中「理想男性」的問卷調查中，「有度量的男性」名列前茅。從調查結果來看，不管是未婚的還是已婚的女性，都喜歡有度量的男性。

如果你自認是一個有度量的男人，也別把「度量」兩個字理解得太偉大，對一些女性來說，有度量的男性往往跟「對女性溫柔體貼的男性」、「慷慨豪爽的男性」、甚至「犯錯也不會責罵自己的男性」劃上等號。

然而，能夠包容自己所有缺點的男人少之又少，於是有些女人就會不斷向男人暗示，企圖讓對方接受自己的任性和過失。這時她們最常說「你人真好」。雖然是違心之言，卻很有用，男人聽了以後豪情萬丈，就心甘情願接受對方種種「錯誤」。

「我絕不會說出去」

有這樣一則笑話：

伊利莎白向好友蘇菲亞道出埋藏在心底多年的祕密，並反覆叮囑她不要說出去，蘇菲亞馬上點頭說：「我知道了，不過知道這個祕密的下一個女人能不能守住祕密，我就不知道了。」像這種諷刺多嘴女人的笑話、俗語，各國都有，如「想要殺死女人很簡單，只要想辦法讓她三天不說話就可以了。」

曾發生過這樣一件事：

某公司的人事科長，和一名女職員兩情相悅。兩人在飯店幽會，閒聊到公司的人事變動，女職員好奇心頓起，很想知道職員的升遷調動。這位科長經不起對方保證「絕不會說出去」，又想反正是「自己的人」，應該不會出賣自己，於是就說了出去；誰想，女職員心裡憋得難受，告訴了幾個要好的女同事，一傳十，十傳百，沒兩天，整個公司都知道了。老闆得知科長泄露機密，大為光火，立刻將他辭退，這位科長真的是賠了夫人又折兵。

是什麼導致了這樣的結局？是自己耳根軟，為人沒有原則，也是深受對方「我不會說出去」的謊言所害。

「你的領帶真高級」

有些女人善於誇獎人，稱讚可以使氣氛融洽，可以顯示出高雅的風度，還可以瓦解兩方敵對的態勢。女人稱讚別人，可以更好保護自己，還可以瓦解對方對自己的警戒，使對方更信任自己。

一位對男性經驗較豐富的女人說，世界上沒有比男人更單純，更容易操縱的動物。說這句話的理由是，不管是說謊也好，只要讚美男人的一些優點，許多男人就會百依百順為女人服務；而事實上，許多男人的確對女人的奉承缺乏抵抗力，極易落入圈套中。

如果你去過酒吧，很有可能聽過「你的領帶真高級」這樣的話，而許多男人們聽到這句話後，都很願意與對方喝上一杯。除了利用讚美達到使對方為己服務的目的，有些讚美還常常出於一種嫉妒性的起鬨，譬如故意將對方的缺陷提出來稱讚，讓人聽了啼笑皆非。

當然，女人也會真心的鼓勵男人，不少男人就是在女人的讚美聲中走向成功。

「我實在太蠢了」

時常能夠在電視、小說中看到這樣的情節：愛情破滅後，女人自嘲說：「我實在太蠢了，居然沒有看透他的為人。」

這句話是自嘲還是反省？兩者都不是。是怨恨，是推卸責任，它真正的意思是責備對方是個騙子，但是用「都是他不好！」這種話來責備對方，只能增添別人對自己的反感。

把責任都攬到自己身上並不吃虧，並轉一圈又把責任推給對方。

這種女人的自嘲，是想要向別人表達「責任不在我，我才是真正的受害者」，以博取更多同情。

沒有誰會整天把「我實在太蠢了」掛在嘴上，習慣於用感性判斷對錯的人，用來操作男人以取得自己所需要的慣用方式，是消極的乞憐式，像「我實在太蠢了！」就屬於乞憐式。

「乞憐」在兩性愛情關係屢見不鮮，那些嬌怯又有點心計的女孩最擅長玩這種把戲。

然而同情畢竟不是愛，男人在決定和女人共度一輩子之前，要確信你是愛她還是同情她。

不完美的他／她

缺憾是動人愛情的調味料，因為缺陷才有美好

「我不在乎你的外表」

愛美之心人皆有之，男人喜歡正妹，女人喜歡帥哥。有些女人有很深的「看臉」情結，也許是童話故事裡王子公主的印象太深刻，帥氣的偶像明星也一波接一波出道，使她們更堅決追求外貌。

有些女人常說「不看重男人外表」，顯示自己獨具一格。但假如你的伴侶很重視外貌，那等到哪一天她偶遇帥哥後，平凡的你就要小心紅杏出牆了。因此，為防止勞燕分飛，花落他家的悲劇上演，選擇伴侶時都要擦亮眼睛，看準了再決定，免得將來後悔。

「我不在乎你的過去」

與男人交往久了，女人總是希望能深入男人內心，而為了讓男人更進一步相信、關愛自己，有些女人會說：「我不在乎你的過去，我只在乎你的現在。」

男人同樣非常脆弱，也希望能獲得女人的愛，甚至想以說謊獲得他人的讚許，欺騙和真誠在他心中爭戰，他不知應以什麼方式獲得愛。

男人有時會感動於現在女友對自己的關懷，就會為是不是應該把過去一切都全盤托出而苦惱。譬如，過去深愛某一位女子卻深受傷害，或做過見不得人的事情。這些過去往往成為「心病」，坦白後確實使自己心安，但也往往深受其害。儘管對方說「我只在乎現在」，但如果真的把「過去」告訴她，心頭就彷彿有了一根刺，忙的時候忽略它，一個人時這根

刺又隱隱作痛。

請不要以為一句「不在乎」，就真的不在乎，除非她不愛你，否則絕不可能不在乎。

「情人節不用送禮」

隨著西風東漸，在情人節前一個月，商家就大造聲勢，現在幾乎沒有男人不知道二月十四日是什麼日子，女人也都很擔心會不會收到禮物。

對男人來說，玫瑰花比平時貴十幾、二十幾倍；情人節「專用」巧克力每盒價格不菲；情人節套餐貴得讓人提心吊膽。商家、老闆一副「幸災樂禍」的樣子，往男人傷口上大把撒鹽，花錢很心痛，卻不能冷落佳人，辜負了佳節。

有些女人會不斷叮囑你：「情人節不用送禮，我真的不care。」如果你信以為真，覺得她是全天下最為你著想的女人，甚至下定決心馬上娶她過門，你換來的結局有可能會是一臉怒氣和無盡的嘆息；嚴重的後果是她可能從此和你分道揚鑣。

該出手時就出手，偶爾違背旨意做一回大男人吧！記住：小投資讓你大半生永保平安。

男人常會問女人：「你喜歡什麼？」女人往往謙虛說「太貴了，不要買了」或是「只要是你送的，我都喜歡」。

粗心的男人常常不知道女人需要什麼，浪漫的女人則以為男人會猜中她要什麼。結果事與願違，男人因為捨不得買昂貴的玫瑰花而改送其他花，因為在他們看來都一樣，徒惹對方傷心。

「只要愛情，不要麵包」

愛情是風花雪月，是浪漫的燭光晚餐，是滿天雪花裡的嬉笑追逐，是情人節的一朵玫瑰，是把男人的全部缺點都看成優點，把優點看成獨一無二，這是屬於浪漫女人的戀愛。

浪漫愛情的最終結局是婚姻，婚姻的實質是平淡的油、鹽、醬、醋，愛情進入「相處」階段，僅有愛是遠遠不夠的。單方的容忍或生活上的不適應，就塑造出常見的夫妻相處模式：女人久而久之成了一個愛碎念的「黃臉婆」，雖然她們也不想如此。

對於婚前閉著眼睛談戀愛的女人來說，不妨早日睜開眼睛，看清浪漫與現實的距離，不要對男人期望過高。一個值得愛的人，不可能和要求相差太多，但愛上他之後，是不是可以讓對方喘口氣呢？

一個女人和未婚夫交往，同居前兩人感情融洽；同居後，卻時常為一些生活瑣事爭吵，爭吵後雖然和好，但難免在心中留下陰影。於是雙方很理性決定，與其讓碎念帶來不快，不如用紙條表達。困境中最容易怒目相對，越看對方越火大，互相責怪，在兩人心靈上留下陰影；而不妨在對方有困難時，給予無言的微笑和傾聽。

「永遠愛你」

俗話說：人間自是有情痴，又何必海誓山盟。真正的愛是生死兩相依，是彼此攜扶、同進共退。

有一首非常貞潔剛烈的樂府詩：

「我欲與君相知，長命無絕衰。山無陵，江水爲竭。冬雷震震，夏雨雪，天地合，乃敢與君絕。」

刻骨銘心的愛，往往讓情竇初開的少男少女心馳神往。把愛看得比生命還要重的誓言，的確很容易感動未經世事的痴情男女。

然而，海誓山盟，到底有沒有用？樂觀一點看，任何承諾都一樣，在我們說「永遠愛你」的時候，大都千真萬確，真心實意；但後來變的不是承諾，而是人心。心是會變的，外在時空讓海誓山盟的絢麗褪色，露出蒼白的本色，而內在情緒使脆弱的海誓山盟經不起一句話的輕輕一擊。「個性不合」使愛情變色，「味同嚼蠟」使婚姻變色，「人際關係」使工作心情變色，不如用平常心對待愛情。

當愛情進展到該有承諾的時候，熱烈大膽傾訴愛意，也請勇敢大方擁抱現實。

對某些女人來說，愛與不愛只是一種感覺，當情難續時，「我愛你」三個字就如一朵嬌豔的假玫瑰。

那些諾言就像紙做的燈籠，看似光華美麗，卻經不得一點風吹雨打。

你如果天真認為人一成不變，認為愛情永不褪色，只會被現實嘲弄。

第二章 女人個性

女人是水，是活水，而非死水。

女人善變，就像六月的天氣，剛才還是晴空萬里，瞬間卻變為烏雲密布，電閃雷鳴。

女人善哭，哭是女人最犀利的武器，不用費心怎樣醞釀，卻能隨時在需要的時候出現。

女人的耐力驚人，她為了男人與孩子，能忍受各種委屈，應將全世界最熱烈的掌聲、最誠摯的呼喚送給女性。

掩飾嫉妒不等於寬容，承認嫉妒才是灑脫

寬容大度和溫良順從，是女人自古以來的面貌，它壓抑女人的情感，好像什麼都不在乎。如果這樣，也許有人會讚許這種寬容大度，自己卻強忍著心中的痛苦。日本託摩武俊的觀點是：「在這種生活圈裡，自然，女性的所見所聞的範圍很窄小，而且一直過著單調乏味的日常。這種生活方式更限制了她關心的事。一旦有了被動的生活影響，例如丈夫可能外遇等等，嫉妒便產生了。因為她一直關心身邊的人，所以這個時候，她就會聯想到他對自己所表示的態度改變原因，其他事就通通忽略了。」

有些男人喜歡看女人嫉妒的樣子，或許他們會從女人的嫉妒中得到某些快慰，因而有時會故意使她們嫉妒。

女人的嫉妒多種多樣，有的表露在嘴上，有的藏在心裡，愛得越深妒意越大。嫉妒為何不說出來？寬容大度雖然是美德，但人的本性卻也不會視而不見。向伴侶傾訴，向朋友傾吐，他們能夠理解接受。一味用假象掩蓋真面目，且若不表達內心的痛苦，在別人看來，也許會認為妳對現有的愛情也無所謂，可以可無。

掩飾嫉妒不等於寬容，承認嫉妒才是灑脫、坦誠的態度。

比女人更多采多姿的，是女人的包包

有人說，現代人的打扮已雌雄難辨。那麼，這裡有一個粗糙的辨別法——從手上提的東西來辨認。

一般而言，男人多半不願帶著大包出門，對於一切麻煩的東西都不願攜帶，常常雙手插在口袋故作瀟灑。許多女孩喜歡提包包上街，她們的包包都經過特殊設計，不僅色彩繽紛，而且各式各樣。這種追求流行的心理形之於外，即成兩種典型。第一種是企求別人讚美的「要求型」，另一種則是不願別人直接讚美的「默認型」。

每當外出旅行，許多女人總是全套化妝品、保養品，以及其它零零碎碎的小東西，好像不帶這麼多，就不能盡興痛快遊玩。她們常常事先計劃好：如果天冷的話，就穿喇叭褲；暖和的話，可以穿迷你裙，迷你裙只帶一件太少；白色的長統襪清新，黑色的高貴；外套必須深淺搭配合宜；鞋子要美觀實用……如此一來，物品焉能不多，行李焉能不大？

不完美的他／她

缺憾是動人愛情的調味料，因為缺陷才有美好

總是想成為小說女主角

人總是渴望得不到的東西，能輕易到手的東西，總不及若即若離、難以獲得的東西心癢難耐；而愛情剛起步時，正是需要這種若即若離的態度加溫。

許多女人會幻想自己是小說、電影主角，醉人的酒吧、豪華的旅館、高級餐廳和迷人的海濱等等，都使她們陶醉。戀愛時，許多女性希望聽到愛情的表白，於是男人便大做起愛情文章。

「I love you」已經過時，但是「好喜歡」、「好美」、「真可愛」、「我的生命」以及「我的一切」等等，真是變化萬千。但你要知道，這使人陶醉的柔言細語不花一毛錢，但最具誘惑力。

敏感不等於情緒不穩

根據心理學家分析，女人比較容易流露情感，卻比男人的情緒穩定。最有力的說明就是，今天的精神病院裡，男病人的確比女病人多。女人對於外來的刺激反應較快，而反應快卻往往被人誤作易受刺激、容易興奮，從而斷定女人情緒不穩。

你也可以由此推斷女人的感情比男人豐富，但這並不是一個弱點，因為這個特性使女人情緒更健康、脾氣也更好。

根據美國心理學家的一項調查，如果男人和女人在同一環境下受到同樣刺激，男人發

怒的速度比女人快兩倍。男人更容易發怒的情形，在日常生活中不難看到，但在試驗中並未提到另一個現象，就是女人發泄情緒的方式常常是哭，而有些男人一見女人哭，就手足無措，就算火冒三丈，也立刻先賠盡不是，自認理虧。

為什麼戀愛中的女人更美麗？

許多女性一戀愛就會變漂亮，即使本來帶有中性氣息、或沒什麼魅力的女性，也會突然顯現出女人風采。這種變化並不只限於戀愛時期，與丈夫或戀人久別重逢後，綳緊的面孔也會鬆弛，變得既溫柔又有女人味。

談戀愛時，緊張會刺激腎上腺素分泌，目光變得炯炯有神，血液循環變得暢快。而且神經中樞受到刺激後，來自腦垂體前葉的激素也會旺盛分泌，變得膚色潤澤，姿容豐盈；而如果認為「反正男人有眼無珠，哪能看得上我」，這種缺乏自信的情緒，抑制雌性激素的分泌。

比起蒸汽浴和化妝品，更能使女性變美的動力是出現意中人，以及經常受到的讚美，這樣說應該不算過分。

真正的羅曼史是讓她知道：妳很獨特

女人比男人有更強烈的感情需求，如果你是一個男人，就應該能看到她的這個特點，在感情上多關注她，你們的關係也許會大有改觀。

在古代，女人會盡一切努力討好男人，不求任何回報，她們不能獨立自主，人生完全操縱在丈夫手裡；今天的女人有自己的意志和事業，有各種選擇和機會，不再因為離婚不易而保留婚姻。社會不再輕視離過婚的女人，女人不需要先結婚就可以有孩子，也不需要因謀生、為了孩子而保留婚姻。

今天的女人維持穩定的婚姻狀態，或對一個男人忠貞不二，只可能為一個原因，那就是她覺得自己的需求都能得到滿足。

對女人而言，性不是一種直接反應，大多數女人必須先經自己的許可，才能接受性的挑逗。對她而言，如果沒有親密、關懷、了解等前奏，她就不會有所反應。

一個男人和一個女人共處許多年後，當他們談起如何滿足對方需求，幫助對方成長時，相對付出與接受非常明顯。

如果一個女人情感的需求無法滿足，肉體上就不會有所反應。如果你問一個女人：「跟心愛的男人共處，什麼時候最愉快？」很少人會提到性，而更常提到擁抱、觸摸、接吻、聊天。

一個女人只有在感情的需求獲得滿足時，才會樂於做愛。對她而言，性是體貼、溫柔、奉獻、承諾、關懷、耐心與讚美，它從早晨出門前會不會說一聲「我愛你」開始，你要告訴她，你有多麼重視她；性是注意到她穿了新衣服或做了新髮型。性是約她出去吃晚餐；

性是你會不會跟她報備你要晚點回家。

如果女人說：「我需要知道你愛我。」男人的回答可能是：「我賺錢養家都快累死了，難道這還不夠？」對女人而言，真正的羅曼史是讓她知道她很獨特，被欣賞、被愛。只要給她一點小東西——你的關懷體貼——從她那得到的回報將遠超你的期望。

當沒有了熱戀期的新鮮感……

在戀愛初期，因為感情處於高潮，源源供應感情營養似乎大有希望；但隨著男人熱情減退，女人會表現出一種極大的失落感。如果男人們在感情方面漠不關心，她們常常會表現出一種倨傲的態度，但這種對感情的輕蔑很少直接表現。女人表達她們的感情需求，往往表現為一種指責。

女人可能宣布在夫妻關係中沒有樂趣可言，對方給予的感情太少等等。他要求她說得更具體，因為丈夫不清楚她到底是什麼意思，他對這些指責的反應是生氣，這反而使妻子害怕。她認為要更具體的說明難以辦到，她納悶為什麼丈夫不明白自己的意思？自己卻能做到不用丈夫說出口，憑直覺就知道他在想什麼？她開始感到緊張，因為那最不祥的預感正在成為現實，她正在被推開、被排斥，因為她的需求已被揭露。

最後妻子哭了，退到一邊，獨自品嘗悲傷的苦果，又一次感到生氣也是無能為力。她認為自己永遠得不到需要的東西，這是丈夫的錯，也是自己的錯。丈夫擁抱妻子，並給她一個吻，她感到好受多了，問題好似解決了，直到下一次爆發。

害怕孤獨，渴望親密

有些女人假如沒有處在親密關係中，她們就會感到像失去什麼東西似的。

當我們將每一名婦女的成長歷程單獨分析，再看這些要求時，我們就會看到這個社會是如何戲劇般影響著我們的家庭關係、孩子是怎樣被撫養成人，最後這些問題交錯在一起，構成女人和男人特殊的心理狀態。

有些女人十分敏感，會幫助那些離她們很近的人，去克服感情的不愉快。這種過渡我們已經經歷太多，以至根本就不會去注意它。

女人的感情世界中充滿了需求，有自己的，也有別人的。很少有哪個婦女敢說，丈夫能夠預測、辨別出她所發出的對感情狀況的訊號，以及哪些是她急需的東西。我們每一個人在親密關係中尋求的一部分，就是相互交流，因此當女人感到伴侶不能交流時，就會痛苦不堪。雖然這種失望是如此的深層，被埋藏在潛意識中幾乎無法預測，它仍是必定會與那種埋藏很深、過去曾有的感情經歷共鳴。

女人就像一隻貓，需要常常被撫摸

許多女人會抱怨，男人只有在求歡或做愛時，才會摟抱或愛撫自己，這與文化有著密切的關係。美國男孩從小就知道，親切碰觸另一名男性的身體，會使自己成為笑柄。美國唯一容許男性身體接觸的場合就在運動比賽中，球員互拍彼此的臀部，勝利的一方會互相擁抱，公然對隊友表示親密；另一方面，你經常可以看見歐洲男人彼此擁抱、吻臉頰。

事實上，男人非常需要與妻子或女友肌膚相親。早晨出門之前摟她一下；一起看電視時，握住她的手，讓她感受你的溫暖；一起走路時，牽她的手或用攬住她；在床上依偎。每天以這種方式開始，也以這種方式結束。你或許會以為，天天這麼做，就會變成沒有意義的例行公事，你這麼想就錯了。因為觸碰對女人而言，永遠代表浪漫和愛情。

第三章 女人毛病

人只有從別人身上才能得到快樂，一個人不能自己創造幸福。有人愛你，有人尊重你，或自己使別人幸福，才會快樂。可是，若對人懷疑猜嫉，便不喜歡與人打交道，或者容易引起糾紛，常此以往，便沒有快樂和幸福可言。

對女人來說，有一些毛病並不可怕，因為人無完人，但也應該相信自己能將這些毛病變成優點。只有改掉了這些毛病，人際關係也會得以改善，生活才會從容不迫。

喜歡打探別人隱私的女人

有些女人喜歡打探別人的隱私，而且樂此不疲，這是什麼原因呢？

第一，這種女人喜歡由別人的經驗談，體驗不同的人生。有一名日本著名的女作家說：「我為了體驗各種人生而寫小說。」她藉著寫小說拓展生活空間，而這種願望，並不只限於像她一樣有特殊能力的女人，許多女人都有體驗他人人生的慾望。這也就是為什麼許多女性喜歡看小說、看電影的重要原因。尤其是一天到晚忙著做家事和照顧孩子的主婦，每天到底能遇到幾個「別人」呢？若想知道別人的隱私，不主動打探怎麼行？再說，別人的隱私大多是不幸、悲傷的戲劇，一旦得到別人隱私的情報，可能會鬼使神差嘆息一聲說：「真可憐！」但這句話是不是出於同情，她自己也解釋不清楚。

第二，這種女人會由得知他人的不幸確認自己的幸福。那些熱衷於打探別人隱私的女人，心裡總是在一種莫名的平衡點上：「我才不會發生那種事！」或者「還有比我更不幸的人！」用「比上不足、比下有餘」的心理安慰自己。也就是說，由探知得別人的不幸反襯自己的幸福，以平衡自己的「不滿」。

優柔寡斷的女人

這種女性之所以缺乏果斷精神，大致有以下幾個方面：

其一是收入較低，因而在購物等活動中，需要量入為出，精打細算。

其二是社會地位較低，少有參與重大決策的機會，自然而然無法鍛鍊果斷的能力。

其三是比較敏感，對事物細節把握得更精確，能看到許多別人看不到的東西。不同之處越多，越容易使人難以把握和選擇，故會產生「選擇困難症」。

此外，還可能是懷疑自己的能力，需要決策時，總是擔心出現應付不了的局面，總是過多考慮不利因素。

但有些女人的果斷能力和男人相比毫不遜色，甚至比男人更強，例如英國前首相柴契爾夫人，素有「鐵娘子」的稱號，無論處理國內還是國際事務，其當機立斷的作風，令很多男人為之咋舌；還有前以色列總理梅爾夫人，也素有「鐵腕女人」的美譽。東方歷史上，具有果斷能力的女人也大有人在，例如武則天女皇等。

貪小便宜的女人

這種女人一般聽到「大拍賣」、促銷之類的廣告，很容易就動心，要是有件衣服以前是三百元，此刻只要一百五十元，她就會想：「顏色雖然不太理想，不過太便宜了。」最後還是買下一件。

道理沒錯，但實在是欠缺合理性，所謂「因小失大」即指此。這種女人不能顧及大局，易受到眼前事物誘惑，她們優於分析，卻拙於綜合能力。價目表上一個昂貴的數字，下面再標示幾折的優惠，一看就會認為「不買就吃虧」，唯恐落於人後，殊不知已落入經商者的圈套。

依賴心很重的女人

許多女人認為人獨自去陌生的地方，是一件很不容易的事，她們喜歡許多人結伴，這樣旅遊才可以安心；還有一些女人，如果沒有他人先擬好預定行程，就無法一個人單獨活動。

這種女人依賴心理很強，只要別人能幫助的事情，往往不會獨自面對，任何事情若沒有他人在場，就會手足無措；即使單獨行動，心中所想的還是不外乎依賴別人，因為她們認為不懂的事只要問別人就行了。在遭遇困難的時候，這種女人所想到的不是如何解決問題，而只是想會不會有人來幫助自己。

造成這種女性如此依賴心理的原因之一，是一些自以為是的男人。這種男人如果被女人依靠，就會非常得意，因而總願意表現出殷勤的態度。如有女性問路時，他們會很親切、很具體、很耐心告訴對方；看到女人單身外出時，會替她們詳盡計劃。殊不知這種做法只是在姑息，只會加重女性的依賴，對女性的個性發展與獨立並沒有什麼益處。

對女人表示親切、伸出援手並沒有什麼不對；但若做得太過，就會使女性無法獨立，無疑也為男人增加了負擔。他們在心理與行動上都要替這種女人承擔責任與義務，而不能將精力放在事業上。如果僅僅是旅行還無所謂，但人生的旅途，卻必須靠自己去走。

自以為是的女人

這種女性的自以為是，有時是虛榮心使然，例如與別家太太相遇了，就會誇耀自己的丈夫或女兒，別人卻面面相覷，無言的表示「又來了」。即使如此，她還是我行我素，照說不誤。

這種女性有時神經質得令人驚異，自以為是行動，這又是為什麼？

使這種女人自以為是的根本原因，在於強烈的以自我中心傾向，但這並不代表利己主義。利己主義是只顧自己，完全不管別人；自我中心則是自己與別人的界限模糊不清，才會產生「我認為是這樣，別人應該也跟我一樣吧」的念頭。

特別在乎他人反應的女人

無論是男性還是女性都很在意別人對自己的反應，但女性似乎更為敏感。

有些女性常懷有一種希望不熟識的男性在意自己的微妙心理，這時，如果男性對她毫無反應的話，她的欲求沒得到滿足，就會因此憎惡或懷疑此人。女性絕對不會對自己發出訊號沒有及時反應的男人有好感。所以，男人不僅要經常注意女性發出的訊號，還得設法讓她知道已收到訊號。

然而，對這類訊號作出反應，則有一個適當與否的問題需要考慮。她們點頭，對方也就點頭；她們說聲「嗨」，對方也就同樣回報一聲「嗨」，而不必為了表示親熱，故意走上前去拍著她們的肩膀寒暄問好，這反而會使女性產生警戒之心，也可能會使她們產生自以為了不起的驕傲心理。

此外必須在意的一點：即使你不欣賞這種女性期盼引起男性注意的心理，也不必故意忽視，更不能故意挖苦，否則就會導致對方反抗。自我表現欲很強的女性，一旦她希望引起對方注意卻又沒能得到預期反應，就會馬上公開表示她的不滿。

不理性的女人

當不理性的女人愛上一個男人時，不會仔細分析自己究竟是喜歡他哪一點，或許根本不知道為什麼會愛上他，只會說：「反正我喜歡他！」

曾經有位女歌手結婚時，對記者說：「我愛他的一切，至於要問為什麼，我只能說沒有理由。」後來感情破裂，勞燕分飛時，她又說：「我不喜歡就是不喜歡，連見面都覺得不舒服。」如果記者不識趣又追問為什麼，恐怕答案還是沒有理由。這種女人的愛情，套一句話就是全有全無，對於自己的愛恨，既然完全發自於情感，她的婚姻當然也就不需要一大堆冠冕堂皇的理由。

這種現象不僅僅出現在婚姻的抉擇上，連日常買東西也是這樣的，例如「那種東西我看了就是不喜歡」、「我討厭那種包裝」，是完全憑直覺反應的批評。所以，一旦被不理性的女人討厭，將永無翻身之日，再三解釋也是枉然。

會胡思亂想的女人

有些女人特別敏感，如果在丈夫的襯衫上發現口紅，或者在丈夫的口袋裡發現了一條新手帕等，立刻就會想到一些桃色情節；看到朋友或鄰居在說悄悄話，也會敏感認為他們可能是在說自己的壞話。這些現象，不僅常出現在小說和電視劇中，也時常發生在人們的日常生活裡。

首先，這可能是出於天性。女人的防衛本能與謹慎天性比男性更發達，而如果是家庭主婦，這種心理就越發強烈。家庭主婦整天關在家裡，外面一切消息沒那麼靈通，就會對丈夫或鄰居胡思亂想。

其次，這與收集訊息的方式有關。這種女人不但注意正式管道的消息，還會注意非正式管道的消息，並往往對後者更感興趣。

喜歡被讚美的女人

被同性注目代表一種羨慕與嫉妒，異性的凝視則體現出一種關切、熱衷及更難以言傳的意味。開竅的男人見到好看的女孩，就會毫不吝嗇讚美「妳是晚會上最漂亮的女人」、「你是我遇過最迷人的女人」。美貌的女子雖然認為這些話像錄音一樣，但每一次聽起來卻都那麼貼切、那麼富有新意，且絕不會認為言過其實。這種女人刻意粉飾，花枝招展，如若得不到男人的首肯，那難熬的滋味難以形容。用幾句好聽的話讓這種女人高興，更容易贏得芳心。

愛跟流行的女人

女性跟流行的心理，歸結起來有三點：一是出於好奇；二是希望出人頭地；三是不甘落於人後。

某種款式開始流行，便趨之若鶩，不管合不合適，先買再說，甚至會嘲笑那些沒跟上潮流的「土包子」，「土包子」也可能馬上仿效，於是大街上款式雷同者甚多。

日本東京一家新聞雜誌社的婦女專欄，曾刊登了一則女讀者來信：

「前一段時間流行迷你裙，大多數的年輕女子都穿上這種裸露大腿的短裙，而我不想跟風，照樣穿著長裙上街；沒想到，丈夫卻認為我穿長裙不好看。我又發現，每當我穿著長裙走在街上時，常常成為別人注目的焦點。我只好下決心，將長裙剪成迷你裙；不料沒過多久，長裙又開始流行，剪短的迷你裙卻不能再接長，害得我不得不花錢買新裙子。」

自我中心的女人

有些女性喜歡依感覺行事，這就很容易表現為以自我為中心的性格。當對方不能馬上回應自己的感情，或者不能隨自己的意思行動時，就會開始鬧彆扭，例如「我對他如此痴情，為什麼他一點反應也沒有？」「我這麼努力工作，科長卻一點都不體諒我。」

這就是所謂鬧彆扭的女人，「你不照我所想的行動，我的感情就會大大錯亂」，這種彆扭所暗示的就是這個意思。因此，鬧彆扭的對象便會覺得忐忑不安。「彆扭」是自我中心的女人，也是「弱者」對「強者」一種恢復感情的手段。但這種手段應間歇使用，否則一直利用下去，反而使對方（尤其是男人）因為難以理解，避而遠之。

沒有主見的女人

使這種女人缺乏主見的原因是：由於時常處於防衛位置，因此習慣群體行動。

應該都看過非洲大草原群居動物的紀錄片吧？獅、豹等猛獸大多都單獨生活，但是斑馬、鹿、羚羊等動物都是成群結隊棲息在一起，這是由於猛獸類是攻擊的動物，而鹿、斑馬、羚羊等則相反。

不完美的他／她

缺憾是動人愛情的調味料，因為缺陷才有美好

許多女性都習慣於群體行動，做什麼事情都要結伴，否則就不敢一個人行動，這和鹿、斑馬、羚羊等動物的群體行動是相同的道理。女人用「同一步調」加強自己的防衛本能，自己的意見和別人的主張完全一樣，這是保護自身安全的手段，會追隨潮流的女性也是出於這種自我防衛的本能。

第四章 女人煩惱

做人難，做女人更難，經歷了種種的坎坷，終於闖出一番天地，卻在驀然回首之際，發現早已歷盡滄桑，身心憔悴。李清照那一句「滿地黃花堆積，憔悴損，如今有誰堪摘」訴說了多少哀怨離愁。

如今，同居、試婚、婚外情、離異早已不再新鮮，有些女性將「只在乎曾經擁有，不在乎天長地久」奉為座右銘。在貌似瀟灑的現代愛情中，感情似乎成了可以隨意拋擲的東西，甚至可以透支。然而，伴隨著這種隨意，女性純真堅定的情感也在日漸失落，物質上的滿足，帶來只是精神上的貧乏，片刻的歡愉留下的卻是長久的傷痛，只能獨自品嚐苦澀的孤獨。生活、工作、情感上的諸多瑣事冷清潛入無助的心，曾經堅固的心靈堤防也轟然崩塌。

讓感情產生裂痕的，往往是一些小事

在被瑣事干擾時，需要先冷靜下來，稍微轉移看事情的角度，就能產生一個能使自己開心一點的全新想法。

華盛頓的約翰．喬治法官，在仲裁過八萬多件不愉快的婚姻案件後說：

「婚姻生活之所以不美滿，歸根究柢通常都是因為一些小事。以下是一位朋友的故事，恰好能證明這一點。有一次，我到華盛頓一名朋友家中吃飯。分菜的時候，我朋友忽略了一些細節，我當時並沒有注意到，即使注意到，也不會在乎。可是他太太看見了，馬上當著我們的面指責他：『約翰，』她大聲叫道，『看看你在做什麼！難道你永遠學不會怎樣分菜嗎？』然後她對我說：『他老是犯錯，根本不肯用心。』也許他確實沒有好好做，可是我實在佩服他能夠跟太太相處二十年之久。坦白說，我情願只吃一兩條抹上芥末的熱狗，只要能吃得很舒服，而不願一面吃北京烤鴨和魚翅，一面聽那位太太碎念。」

請勇敢走入充滿光亮的人群裡

孤獨常常因為挫折而生，沒有人能一帆風順度過一生，在生命的旅途中，總會出現困境，而當面臨這種處境時，應該積極解決，日後才能走出不幸的陰影。

有一位女子，五年前丈夫去世了，她悲痛欲絕。從那以後，她便陷入了孤獨與痛苦之中。「我該做些什麼？」在丈夫離開她近一個月後，她向醫生求助，「我將住到哪裡？我還能有幸福的日子嗎？」

醫生說：「妳的焦慮是因為不幸的遭遇，但時間一長，那些傷痛憂慮便會減緩消失，妳也能開始新生活——在痛苦的灰燼中重新找到自己的幸福。」

「不！」她絕望說道，「我不相信自己還能幸福。我已不再年輕，孩子也都長大成人，成家立業，我還有什麼地方可以去？」她得了嚴重的憂鬱症，好幾年過去，她的心情依然沒有好轉。

許多受寂寞侵擾的女人，不了解愛和友誼並非是從天而降的禮物。若想受到他人的歡迎，或被人接納，一定要付出許多努力。愛情、友誼或快樂，不是一紙契約所能規定，而無論將面對怎樣的困境，都應該快樂活下去。

醫學的發展一日千里，但憂鬱症總是侵擾女性人群，尤其是都市女性。美國加州奧克蘭的密爾斯大學校長林·懷特博士，在一次年輕女性晚餐聚會上，發表了一段極為引人注意的演講，提到的便是這種現代人的憂鬱症。「二十一世紀最流行的疾病是孤獨，」他如此說道，「用大衛·理斯曼的話來說，我們都是『寂寞的一群』。由於人口急遽成長……居住在這樣一個不斷變化的世界裡，再加上政府和各種企業經營的模式，人們的工作地點經常改變——於是，人們的友誼無法持久，就像進入另一個冰河期，使人的內心冰冷不已。」

事實上，克服孤獨的辦法就是：無論走到哪裡，一定要與他人培養出親密的情誼，不要忽略這種友誼，因為它就像燃燒的煤油火焰一樣，雖小，仍能產生光亮溫暖。

說到底，若想走出孤寂，就必須遠離自憐的陰影，勇敢走入充滿光亮的人群裡。結交新朋友，無論到什麼地方，都要興高采烈，把自己的歡樂與別人分享。

如果遇到職場性騷擾，應該……

安妮在一家政府機關當祕書，年近三十，性感迷人，曾受過三年之久的性騷擾，多半是來自她的上司：

「我當他祕書的第一年，他還很尊重我，而且對我的工作也很滿意；但從第二年起，他就開始了對我長達三年的性騷擾，直到我不能忍受，辭職為止。一開始，他總是找藉口到我的辦公室裡，和我東拉西扯；接著，他就開始不尊重我，經常講述一些淫穢的故事。他還經常在沒有人的情況下，靠近我身體，藉機撫摸我。一開始，我並沒有覺得事情有多嚴重，我覺得與上司關係融洽一點並沒有什麼壞處，而且在現代社會，如果對男女問題過於認真，也許會被人認為是神經質；但是，問題越發展越嚴重。一個夏天的中午，天氣非常熱，我到浴室淋浴。浴室在我休息室裡面，我沒有鎖浴室的門，因為我把休息室的門鎖上了。可正當我洗澡的時候，他進來了，他從我辦公室裡拿到了備用鑰匙。那一次，在他的淫威之下我屈服了；但事後我非常後悔，覺得對不起自己的丈夫和孩子。最後，我沒有辦法再忍受下去了，只好辭職。」

安妮的故事很有代表性，也為一些處境相同的女性敲響了警鐘。當然，很明顯，安妮犯了很大的錯誤，那就是不能因為他是上司而縱容他，也是安妮自己導致了這場悲劇。所以，處於類似情況下的女性應引以為戒，不應對來自上司的性騷擾有絲毫縱容，若防範不力，只會對自己造成更大的傷害。

男人不是妳世界的中心

寄託在男人身上的幸福就像海市蜃樓，若有一天，這個妳決意託付終身的男人變心，女人的夢想也轉瞬即逝。

一個優秀、聰慧的女人絕不會因為男人而喪失自我，絕不會僅僅是幫助男人建設他的世界，就把他的世界當成自己的世界。在現實生活中，男人越是發展事業，越會增加愛情的籌碼和吸引力，在家庭的份量也越重。男性的魅力幾乎是與事業發展成正比，越成功的男人，越容易受到女性的青睞。

或許是受傳統思想「男主外，女主內」的影響，有些女性將希望和精力放在丈夫和孩子身上。而對於那些對家庭不負責任的男人來說，妻子無私的奉獻，不僅不會讓他感動，反而會成為他們尋找婚外情的藉口。

因此，女人必須有自己的事業和追求，這樣做並非是為了不被丈夫拋棄，而是工作能為女人帶來充實的生活和快樂，即使丈夫離開，也不會因此而一蹶不振。

夫妻關係和睦的大有人在。有一對夫妻，雙雙事業有成，家庭幸福，雖然丈夫是家喻戶曉的名人，卻從未有過喜新厭舊的緋聞，可以說，妻子功不可沒。這位妻子對女人在婚姻中的位置深有體會，她在一篇文章中說：

不完美的他／她

缺憾是動人愛情的調味料，因為缺陷才有美好

「我告別舞台，一心一意在家為丈夫、為孩子忙碌。眼看著丈夫越來越有名氣，孩子也長大了。有一次，丈夫很煩的對我說：『妳沒別的了嗎？除了孩子就是家，成了家庭婦女了。』這一句話把我點醒了，我為了這個家，為了丈夫，為了孩子，犧牲了這麼多，可一轉眼，這一切好像都歸零了。我好像預感到，他們不再需要我。我開始尋找自我，可我發現，我已經找不到自己了。我是誰？丈夫的媳婦；我還是誰？女兒的媽媽。我還是我嗎？不行，我得從家裡跳脫出來，我得從家裡走出去！現在想起來，我特別慶幸自己當時的選擇。當我在事業上證實了自己價值的時候，當我覺得和丈夫平起平坐的時候，我們的家庭更穩固了，丈夫更加離不開我，當然，我也更加離不開丈夫……女人必須有自己的事業，自己的位置，別說為誰做出了犧牲。」

這位妻子的體會，是對女性在婚姻中一個最好的詮釋。現代家庭，應該強調權利與義務的統一，愛的雙向流動，奉獻與犧牲的基本均衡。如果婚姻只有責任和義務，沒有幸福和快樂，那誰還會選擇婚姻？而如果婚姻只強調愛情，沒有責任與義務，那不是給那些喜新厭舊者大開綠燈？所以，隨著人們對家庭生活的重視，生存於人們寬容的道德夾縫中的婚外情，必將隨著道德規範的日趨完善、家庭品質的日益提高而漸漸消失。

現實提醒女人：無論自己的婚姻狀況如何，婚姻都不是生命的唯一支點。

離婚意味著婚姻失敗，意味著將孤獨生活一段時間。自己本來深愛的男人，婚後卻判若兩人，態度變得無法想像的惡劣，雙方共同的夢想破滅了。離婚對於女人來說，無疑是一場生命劫難。失去家庭的女人，若想及時調整自己的心態，設法從離異的陰影中走出來，謹慎的再次選擇自己的幸福，那可真不容易。

每一對夫妻，在離異之前，定是做了種種努力，例如，為了避免矛盾衝突的談話而刻意保持沉默，以盡可能的寬容；有目的的控制爭執，以便尋找新出路。然而，還是免不了一些激烈爭吵，其中某一方或者是雙方，都想透過爭吵表達意見；或許也會產生逃避的念頭，希望在朋友中重新恢復生活的樂趣。

但是，家庭與社會的責任感始終纏繞在一起，這種壓力只會越來越大。終於有一天，一方擅自決定，或者雙方各抒己見，提出離婚。

以下是一個女人離婚後的切身體會：

「四年前衝出『圍城』以後，朋友都說我活得超然灑脫。豈不知，靈魂深處的我是怎麼也瀟灑不起來，瀟灑的只是我的外表。記得離婚的那時候，正碰上住房拆遷，我就摟著九歲的兒子睡在辦公室用桌子拼成的床上；沒過幾天，偏巧又碰上辦公樓層加高。從那以後一年半的時間裡，我們母子二人就等於住在建築工地上，不是停水就是停電，吃不好、睡不好，若非身臨其境，實在無法體會那種苦澀的滋味。兒子騎腳踏車上學，每天背沉重的大書包，左手臂底下掛著便當，右手臂底下掛著水壺，無論春夏秋冬，風雨無阻，他比我還堅強。生活和事業迫使我加足馬力，可是幾年前不幸婚姻的折磨，使我的體力和神經系統嚴重受損，超負荷的運轉終於使我住院，孤獨躺在一片慘白的世界裡，我望著瓶裡一滴一滴輸入我體內的藥液，明白自己現在只能靠這種物質支撐體力了。我知道，我的精神支柱雖然並未倒下，但是我的感情世界，只要稍稍一碰就會立刻粉碎。」

從這個故事中，我們可以看出：女性在離異期間，最重要的是能有一段足夠的時間，平息由於離異引起的擔心、惶恐與不安全感。

自討苦吃的女人必須學會自我鼓勵

女人的容顏和心境，被結婚、生兒育女徹底摧毀。她們穿著適合夏天的美麗裙子，走進了秋風乍起的人生課堂，結婚時，她以為得到了一個甜蜜的承諾，結果卻是種下了一棵永久的黃連樹！

一個自討苦吃的女人必須學會自我鼓勵，許多男人永遠不會贊同自己的女人走出家庭的籬笆，也不喜歡女人整天坐在書桌前讀書沉思，因為這兩者都會使女人變得不好把握。

一開始，女性會對男人投其所好，將滿腔熱情全部投入到家庭；可是，「黃臉婆」日夜忙碌，漸漸體悟到，自己的貢獻並不是換取丈夫感激和愛慕的重要條件，而甚至會聽到丈夫對別人說：「別管（理）她，結了婚她就變這樣婆婆媽媽了。」這一陣雷閃雷鳴或遲或早要劈開她生活的迷霧，讓她清清楚楚看見河水向東一日千里，生命之船不進則退，她必須自主抉擇。

女人若悟透了這一點，便要做到上能進庭堂，下能進廚房，為保持容顏和體態付出努力，提高自己的知識，要立足於離開他，自己也能生活，千萬不要無條件奉獻全部，因為要明白知識懸殊、境界不同，是幸福婚姻的最大礁石。

倘若將全部心思放到丈夫身上，有好吃的給丈夫吃，有了好衣服給丈夫穿，自己能省就省，弄得憔悴不堪，不過四十歲，就髮白眼花，像快六十歲，實在不用如此賢惠。兩人同吃同穿，甚至比對方更好，女人幹嘛蓬頭垢面糟蹋自己呢？

人類之愛不完全在於實用，而且還求悅目，像柏拉圖的精神之戀，像一幅畫，一曲音樂，人們欣賞。沒有哪一個男人不希望自己的妻子美麗，像一道風景，總能讓人賞心悅目，如沐春風。

俗話說「清官難斷家務事」，家庭的糾紛，夫妻間的怨恨，有時說不清道不明。常有這樣的情況：結婚十多年了，孩子都上學了，忽然男方要離婚，而妻子是個典型的好妻子，任勞任怨多少年，因為丈夫和她再也找不到共同語言。

在這種情況下，許多人都會對那男人滔滔不絕說他妻子是如何優秀，並在最後加上一句：「她哪一點不好？她哪一點對不起你？」問得那男人目瞪口呆，無言以對，只覺得自己真是混蛋。公公婆婆對媳婦也無話可說，只能對兒子暴跳如雷、大聲斥訓。

擔心丈夫「身在曹營心在漢」

有一種女人，總是擔心自己管不住丈夫，總是害怕丈夫「身在曹營心在漢」，總是長吁短嘆。要解決此類問題，有如下幾個方法：

(1) 讓他又愛又怕

一個女人，若只能令男人怕她而不愛她，或者只能令男人愛她而不怕她，都屬於失敗。女性真正的吸引力，就在於使人流連忘返，卻又不敢妄動。

(2) 利用母性與孩子

女人在花樣年華時，自然能吸引男人，這是女人讓男人留在身邊的第一個時期；但紅顏易逝，這個時期過後就十分危險。不過，女人的母性加上孩子的力量，足以留住男人；到了孩子長大以後，女人應該用自己的寬廣胸襟和朋友般的溫情，令男人在繁忙與疲憊時，有個靜靜的避風港和傾訴對象。

(3) 滿足他的口味

「先抓住男人的胃，再抓住男人的心」，曾有不少女性說，她們之所以能坐穩女主人的地位，就是做得一手好菜。事實上，即使高級飯店的廚師，也不能比妻子更清楚丈夫的口味；更重要的是，餐廳裡沒有家中和諧寧靜的氣氛。明白這一點，賢妻就好做多了。

(4)給予完美的性生活

有人曾經指出，除了人為的因素外，包括社會因素在內，男女結合最大的樂趣，即為性生活的互相滿足，少了這一點，愛情之樹則難以常青。一位心理學家在仔細研究多對夫婦離異的原因後，得出一條結論，性生活不和諧是導致婚姻破裂的多數原因。

(5)讓你的照片「監視」他

經常出差遠遊的男人，沒有女人監管，在自由環境裡，很容易放縱自己；等到理智恢復時，悔之已晚。女人要牽住他的心，有必要時常提醒他自己的存在。送丈夫一張自己的照片，背後寫幾句愛慕的話，放在他的皮包裡。這個傳統的方法很有用，這張照片就像提醒他不要肆意妄為，逢場作戲也應適可而止。

(6)讓他感覺家是最好的地方

有人說過，營造愉快安詳的氣氛，讓男人在家感到舒適，是留住男人心的最好方法。

(7)隨時隨地獻上妳的愛

既然幸福的走到了一起，就應該全身心的愛他，在意他就像在意自己一樣。早上出門向丈夫報平安，晚上回家給丈夫一個吻，這些都會打動丈夫的心。

不完美的他／她

缺憾是動人愛情的調味料，因為缺陷才有美好

在「男人職場」的生存遊戲

當女人進到社會工作的那一刻起，男女平等呼聲一浪高過一浪，廣大女性已深入滲透到社會的各行各業。

身為女性，你只是想施展自己的才華，只是想和平跟別人相處；可是妳卻發現，妳在辦公室裡並沒有受到合理的尊重。明明自己的工作能力比男同事更強、效率更高，可是，被提拔的卻不是妳。

在職場上，女人即使有天大的委屈，也絕對不要在辦公室流淚，要公私分明。

而性騷擾又是特別需要謹慎面對的問題，上司的關心很有可能夾雜著不良居心，而他讓你加班的命令，更有可能是意欲侵擾的一個藉口。同時，閒言碎語也會不斷從同事間傳開，你用才幹換來的職位，極有可能會被他們歪曲成是依靠美貌取得。

面對這樣的情況，要清高自重，如果找各種各樣的理由為自己辯解，那也不要讓對方看出妳的窘迫不安。控制好自己的情緒，讓他們感覺到，自己不是好欺負的，否則可能會鬧個沒完沒了；如果選擇用激烈的言辭、強硬的態度還擊，以牙還牙，也未必能真正笑到最後。他們即使一時處於下風，過後也會放話，說妳惱羞成怒。

最佳的方法，就是溫和而嚴肅指出他們的荒謬無禮，可以「以其人之道，還治其人之身」，讓他們無話可說。

女人一旦發現自己的潛力，就容易「瘋狂」工作

有人說：事業成功的女人，她的婚姻一定是不幸的。我們暫且不去考慮這句話的真假，單從社會現象來看，成功的女性，即女強人，無論是工作還是生活上總是有很多酸楚。女強人同樣也只是人，她同樣需要男人的支持。

(1) 女企業家的辛酸

一位女法官說：「女人一旦發現自己的潛力，就容易『瘋狂』工作，再好的家庭也沒有幸福可言。」

幾位女企業家，當被問及她們的事業與生活時，她們語不間歇的講述了創立事業的艱辛，但談及生活，只是嘆著氣搖搖頭。巧的是這幾位女企業家大多已離婚，沒離婚的也已產生裂痕。

事實上，母親永遠需要關懷孩子，這是責任，成家之後，女性扮演的是妻子和母親的雙重角色，而這種角色的實現不是一句空話，而是行動。因此，女人切不可讓事業占據自己生活的全部空間。

其次，一些女企業家表現慾很強，忽略了夫妻感情交流。而情感交流對於夫妻雙方來說，永遠必要。妳可以在處理事務時雷厲風行，但在家時請扮演好妻子、母親的角色，婚姻才可能美滿。

(2)女學者的擔心

做為女強人，其中文化層次最高的一群——女學者，她們的煩惱卻顯得與眾不同：不是怕婚後家庭不幸福，卻是怕嫁不出去。

一路苦讀考研，進而考博士、博士後之類的，更是難上加難，再加上種種世俗的心理作怪，女學者的婚姻就成了難題。等妳學有所成的時候，妳已是昨日黃花。毫無疑問，衝破「讀書的時候不要談戀愛」的謬論，只要能夠把握住交往的技巧，既不耽誤學習，又能抓住眼前的幸福，何樂而不為呢？

(3)女明星的困惑

女明星是喜悅與悲傷同在、激情與寂寞並存的人，她們是沒有失去溫柔的「女強人」。她們一個個光彩奪目、明豔動人，人常說「女強人」是因為沒有女人味，所以才會產生婚姻危機；那女明星，為什麼卻有最高的婚變率呢？

女明星有許多優越的物質條件，很容易讓男人為之動心。為了人財兩得，某些心懷叵測的男人便裝成一副謙謙君子，對她們灌迷魂湯，騙取女明星的感情，玩夠、賺夠了就走。於是，受騙女人從此後不再相信愛情，認定別人全是衝著美貌而來，所有的男人都不過是在逢場作戲！她們的辛酸注定只能在寂寞時細細咀嚼。

第五章 女人弱點

做女人難，難的是因為有些女人什麼都想要，既要女強人的威風，又要主婦的安逸，進而把自己置於兩難之地。

在選擇生活的時候，女人面臨的最大難題是：如何處理自己的物慾。有些女人常常陷入物慾之中不能自拔。對於慾望強烈的女人，既然痴迷於此，只要於人無傷，當然也無不可，但最好也不要傷害自己。

「情人眼裡出西施」

當女人陷入戀愛中時，往往十分盲目，看不到她所愛的男人身上的缺點，甚至男人的一些缺點也變成了可愛的東西；可是一旦和他結婚，她沉睡許久的理性很快就恢復過來，發現這些缺點，並為之不安。於是，對婚姻產生了一種失落感。

自古，就有情人眼裡出西施的詞句。在別人冷靜的眼光中被認為不好的男人，對愛戀他的女人而言，卻是世界上十全十美的男性。

有些愚笨的女人，以種種自私的慾望為戀愛出發點，但有些人則用純潔的心來愛人，這種心靈與前者完全不同，所產生的效果也完全相反。要把自己的愛情視為最純潔、最神聖的，這樣全心全意去愛，才能使彼此身心合一，達到最完美的境界。

不完美的他／她

缺憾是動人愛情的調味料，因為缺陷才有美好

假如，她愛上一位花花公子，那麼，就會在無形中認為，不被許多女人所圍繞的男人沒有出息；或是，被這麼多女孩所圍繞的男人愛著，可證明自己很有魅力。

愛情為什麼會使人變得如此盲目呢？這是很難解答的問題，愛情是很自私的，為了避免聽到對方的閒言碎語，或是看到尷尬的場面，於是，會把自己的眼睛、耳朵甚至心靈關閉。讓自己所愛的人的缺點，透過這種好像「非禮勿視」般的感覺，完全沉浸在美好的一面，愛情就這樣滋長茁壯。愛情有種本能的自衛作用，換言之，人對愛情也有像恐懼死亡一樣的心理，這也就是人類本能的一種心靈活動。

愛情是盲目的，假若對方的身心與自己產生某種差距時，愛情就不能達到最終目的。常聽人說，愛情的力量能使原有的生活方式改變，這或許是真的。戀愛中的女人是美麗的，因為她不再孤獨，擁有了人間最美妙的愛情而覺得自己是世界上最幸福的人，也就會漸漸對一切事物產生自信。

愛情的初期，會向著兩人同心同體的目標邁進；但在結婚後，隨時都想擁有對方的態度，就會漸漸冷卻而清醒。本來與自己身心一體的丈夫，有時會意外發現，他像陌生人般的冷漠，當然，這是指在親熱以外的時間。從前外表高雅的丈夫，現在卻是穿了短褲汗衫就橫躺在沙發上，邊用手挖鼻孔，邊哼著流行歌曲；太太在看著連續劇時，丈夫卻轉台，有時還會當著太太的面放屁；少有的假日，本想兩人過一段甜蜜的時光，丈夫卻拉同事到

家裡打一整天的麻將。

當初我為什麼會那麼熱烈愛著他！當愛情的目的達到，盲目的眼睛也睜開了。等到這個時候，女人往往會有一種極大的失落感和挫折感。為避免這種感覺產生，女性應該明白，戀愛與婚姻不同，結婚前一定要好好判斷，對方是否是合適的終身伴侶。

經不起男人猛攻

男人中間有這樣一句話：「戀愛的訣竅在於『猛攻』。只要把握住時機，果斷發起強勁的攻勢，一定能擒住心儀的女性。」且不管這戀愛祕訣是否有效，至少說明，有些女人經不起男人猛攻。

有心理學家曾說：「女人是天生的被虐待者。」但這有一個限度，如果男人信了這種說法，以為女人口頭上說討厭，內心是在高興，而以虐待狂的方式向女性猛攻，勢必要碰釘子。

曾經有人形容說：「戀愛就像翹翹板，男人熱時女人冷，男的死心，女的就積極。」所以，在男子巨浪般的衝擊下，女性愛情力學上的平衡就會遭到破壞，使女性心理動盪不穩。

任何一名高雅的女子，總會對這種猛攻型的男人很憤慨，甚至會做出有辱這種男人面子的事；但若對方一再強攻，她就會想：這人還真有毅力，真拿他沒辦法，也許真的愛我愛得很深！

這種女人的致命弱點，就是明知對方說的是假話，但只要是悅聽的語言，她就會信以為真。因此，如果他又說：「沒有了妳，我將……」，那一定更加激發起她的「自我崇拜慾」，她怎能不舉手投降呢？

說得明白些，有些女人之所以經不住男人的猛攻，與其說是由於愛，還不如說是由於她們喜歡被愛。

塞凡提斯曾借唐吉訶德的口說過這樣的話：「露骨求愛，在女人看來未必不是件愉快的事。並且，不論這個女人多麼冷淡，即使嘴上說非常討厭，也會在心底深處疼惜愛她的人。」

失戀後的自卑心理

一朝被蛇咬，十年怕草繩。有的女人因為一次戀愛失敗，就會懷疑自己的戀愛條件不合格，以致長期徘徊在愛河岸邊，產生自卑心理。儘管她們熱切期望愛神光顧，可是如果不努力克服心理上的自卑感，理想的愛情或許還是不能來臨。

自卑心理常在下列女性中多見：

(1) 生理有缺陷。身體有殘疾，或是偏矮、太胖、長相不佳等。其實，矮、長相不佳很難說是一種缺陷，只是世俗的眼光將她們歸到有缺陷者的行列中罷了。

(2)物質財富不豐厚。如職業威望不高，家庭條件不夠理想，本人收入或積蓄不多等等。

(3)交往上的缺陷。許多女性或者因客觀條件限制，接觸異性的機會少，或者由於性格內向、羞澀，不善於同異性交往，難以發展友誼，建立感情。

自卑心理的產生與強化，常常與同戀愛中的挫折相關。有些相貌平凡的年輕女性，在她們剛剛撞開愛情大門的時候，也是滿懷憧憬和希望；但是當自己的滿腔熱情受到對方冷淡對待，多次挫折後，就會對自己感到失望。

可是，同樣是遇到戀愛挫折，不是每個人都會產生自卑心理。有的人視若常事，「重整旗鼓」；有的人總結經驗，以利再「戀」。

要防止自卑心理的產生，必須注意兩點：一是確定恰當的擇偶標準，二是進行正確的失戀原因。前者可以避免擇偶挫折的多次重複，後者可以防止失戀後的自暴自棄。

世上沒有十全十美的人，某些女人即使有些缺陷，也完全可以彌補。一種方法是使缺陷減少或消失，如不善交往，有意鍛鍊後，完全可以變「不善」為「較善」；第二種方法是內在補償。比如一個女子長相不佳，大可不必為此而感到煩惱，可以透過提高內在素養彌補。

不要落入俗氣，成為一名愛碎念的女人

男人向來討厭女人碎念，工作一天感覺很累，回家後喜歡坐在沙發上，喝杯茶放鬆；

沒想到一回家，妻子就開始碎念：你總是空手回來，也不順便買點菜，就知道張口吃……本來就心煩意亂的男人，本想回到家裡享受溫馨的家庭氣氛，沒想到妻子的一番碎念，反而使情緒更壞，結果滿腹怒氣的丈夫就會與妻子唇槍舌劍。儘管夫妻可能會言歸於好，但是如果妻子總是碎念，久而久之，就會為幸福的婚姻蒙上陰影。那些有婚外情的男人，說不定就是因為整天聽妻子碎念，使他們難以在妻子的身上找到體貼，才墜入了婚外情的深淵。

其實，只要從以下兩方面努力，便可以被不再碎念。

首先，要認清碎念的害處。碎念的效果往往適得其反，使丈夫厭煩、子女叛逆，自己還生了一肚子氣，如能多反思碎念的危害，就能走出碎念的誤區；其次，換位思考，如果丈夫碎念你，子女碎念你，母親碎念你，自己是否會心情愉快？

另外，隨意向別人訴苦也是一種碎念，也同樣需要戰勝。一個總愛發牢騷、怨天尤人的女人，就會落入俗氣。那些碎念最初還有人聽，可是過不了多久，就沒有人肯聽了。因為沒有人對這些無聊的訴苦感興趣。在社會中，每個人都可能經歷不愉快，妳總是憐憫自己，在別人面前訴說苦惱，這樣不僅會使人敬而遠之。

不是找到「長期飯票」就沒事了

每個人都渴望安定舒適的生活，然而，安定舒適又是建立在動盪的基礎上。

事實上，有些女人好像過早嚮往安逸，這種女人認為，早晚都要靠別人過日子，所以與其自己成長，不如早點找婆家。這也許是因為她們身上始終帶著傳統性的弱點；如今，不再說出嫁，而是說想組織一個家庭，找一個能理解女性的男人。嘴上說恩愛的家庭要靠兩個人建立，好像挺前衛，實際上還是想靠著男人過日子。因此，在選擇未來丈夫的時候，總是將能力強的男性給予很高評價，並視之為理想的丈夫。

貪圖安逸的女性對於單獨生活沒有信心，這是對「女性不可以好高騖遠」這種傳統意識的妥協，她們常被別人說溫柔、周到、勤儉等等，但這正說明了其目光短淺，猶如籠中之鳥。

誠然，當妻子沉湎於新婚之樂的時候，家庭充滿幸福，但長期待在家裡，比在公司工作更加無聊，只不過是漂浮在社會海洋上的一個水泡而已。所以，家庭主婦應該放棄貪圖安逸的想法，合理安排好瑣碎的家務，為改善家庭所處的社會環境而努力發揮作用。

徐娘半老，也可以風韻猶存

年輕貌美、體態輕盈已經成為大眾普遍的祈求，對女人而言更是如此。

然而，誰都逃不掉歲月的雕鑿，在時間的侵蝕下，我們的容顏會老去。因此，人們即使努力反時鐘賽跑，終歸敵不過時間的巨人。

許多女人最不願提起年齡，為了保養容顏，不惜花巨額血本。

貧困和健康，是所有女性在上了年紀後所面臨的共同問題。倘若年老時不能依靠他人，也不能依賴社會，那麼就只有未雨綢繆、自求多福。固然，人生到了五六十歲，個人的社會價值雖然已逐漸接近尾聲，無論是工作、性和生育都是如此，卻能建立全新的價值觀。由於對生命成熟豁達的認知，長者在處理後半生的時候，更能泰然平實、惜福感恩。生命的功課已不再是絢麗光輝的大業，而是好好去愛、好好去做自己感興趣的事。

「裝傻」讓妳自降一級

有些女人在表達意見時，常含糊不清，讓人摸不著頭腦，這並非是此種女人天性愚劣，而實是太過聰明，這種含糊用語的好處，是為自己留條後路。

這種女人很喜歡，也非常善於在男人面前裝傻，但她們還是要裝腔作勢請別人幫忙。但這樣做的同時，也無意中抬高了幫助者的身分，一些需要操作、力氣的事情都是如此，其實女人自己就可以完成。這種女人指望這樣就可以贏得男人的好感，她們裝傻，為男人提供了表現自己的好機會，甚至有時候男人提供的幫助可能根本不需要。

用裝傻來博得別人的好感，以為這樣就可以讓別人承認自己、認可自己，獲得成功，這種企圖注定要失敗。我們可以想想看，有哪個上司願意提拔一個什麼都不會的人？只有主動做好工作，自主解決問題，將複雜的工作視作一種挑戰，善於表現自己能力，才能獲得成功。

但是，即便是那些在這方面已經有能力的女人，有時也會用謙遜的矜持微笑來對待重要的任務或工作，這種行為的後果是，無意中自己妨礙了自己的發展。

想想看，妳能不能說出這樣的話：「你要是不高興，就儘管用不高興的表情看我，沒什麼了不起。」

如今，形式上已經男女平等，婦女卻並沒有真正自主和自立，只是形式上從幾千年受壓迫的性別歧視中解放。

女人友情的背後……

女人間的友誼並非全都充滿美好，而是多變複雜。

在一切人際關係中，或多或少都會有移情現象，在女人間的友誼也毫不例外。事實上，正是女人的友誼，使她們能夠完成移情，因為在此之前就存在著類似的關係——母女之間的關係，所以她們能夠順利移情，與同性建立朋友關係。正如我們所看到的那樣，女人非常願意與別人分享她們的期望、需求和願望等等感情。因而，她們的感情轉移，首先是從母親身上，轉向她們的丈夫身上——一個異性，這是由男人在夫妻關係中的地位所決定，是異性之間親暱關係所導致的結果。女性朋友同樣也是女人感情轉移的對象，只是這種移情是在我們豐富的潛意識世界中默默進行。

對感情依賴的需求是女人友情的一部分，它與兩性關係的依賴需求不同。我們與不同朋友的親密程度不同，對不同的朋友有不同的需求，又與不同的朋友分享不同的樂趣。

在某種程度上說，我們會對一些強烈的感情暴露有所準備，如極度失望、妒忌、憤怒、狂熱的愛情、性生活、以及一對一的個人關係等，我們都會注意，避免讓這種感情在朋友之間突然爆發。對丈夫或對情人來說，我們就可以不顧忌這種「出格」的舉動，然而對於一個朋友來說，如果你對她有這種暴躁的舉動，不但你自己會感到震驚，感到不自然，別人也會認為這不合適。

妳是「謙虛」還是「不自信」？

實際上，謙遜的骨子裡是缺乏自信，因為害怕與別人發生衝突，或是期待別人的保護和尊重，只好以虛假的謙遜示人。

許多婦女都善於用謙遜掩飾對自身實際能力的懷疑。她們希望透過向別人表示尊敬、透過潛在的自卑感保護自己，使自己免遭同事或生活伴侶的傷害或批評。

諺語有云：過分的謙虛就是虛偽，虛假的謙遜就是信心不足，而虛假的謙遜隨處可見。例如，某人獨自承擔了一項工作，工作後受到重賞，她卻再三謙讓，將成績歸結於偶然因素，歸功於其他同事的幫助，再三推辭的同時還會微笑。

有多少謙遜的人企圖讓我們相信，她們畢生的追求就是相互關懷的人性？但我們每次聽到這種話時總有一種感覺，不管一個人怎麼試圖讓別人相信自己的崇高和令人敬佩的動機，促使她自我放棄的原動力，是對自我能力的懷疑。

根據我們對一組特定人群的長期追蹤觀察，得出一個結論，虛假的謙遜在很大程度上具有社會「遺傳」特徵。我們經常可看見母親和女兒具有同樣的自我放棄特徵；更有甚者，有些家庭中，母親和女兒竟然會相互競爭看誰更謙遜，她們自己對此卻渾然不知。我們經常可以看見這麼一種現象，在謙遜對謙遜、女人對女人（很少有男人對男人）的刀光劍影中，雙方的互鬥常常會呈現令人意想不到的激烈程度，而在平常，這種好鬥的情況則偽裝得不露蛛絲馬跡。

自信的女人最美麗

男人常會聽到「失敗並不可怕」、「痛苦並不可憐」，「只有懦夫才是可悲」的字眼；但女人卻是另一番概況。有些女人無法承受失敗的痛苦，為避免失敗，寧可無所事事。一旦失敗，她們就給自己貼上失敗者的標籤，以證明自己的觀點：我是失敗者。

成功的故事總是包含著失敗的故事，失去的工作、錯過的機會、經濟困難、錯誤的時機選擇、不當的管理、沒有得到的升遷、不適合自己的工作等等，而那些懼怕失敗的人所講的失敗故事中，卻很少有怎樣成功的故事，如吃一塹長一智、了解自己的局限與能力等等。

許多害怕失敗的女人發現自己心如死水，因此她們不作任何努力，只作壁上觀、小心謹慎向前，以為這樣很安全。而由於她們原地不動，自然不可能知道自己能否成功。

害怕失敗主要是由「不可能成功」的感覺所引起：「一旦他們發現我真的做不了，我就會被別人替代。」「我怎麼可能得到那份獎勵呢？」「我只是僥倖升遷！」

某些理論家認為，失敗的恐懼與成功的恐懼可以互換，責任、壓力、挑戰、靈感是成功的條件，如果這些條件沒有同時存在，其結果就是失敗，不管是為了賞識、財富、對完美的追求、對作品的熱愛，還是為了報復，成功的人總有一種動力驅使她。暫時的失敗並不意味著戰鬥結束，當這種動力足夠強大時，她們會準備下一場戰鬥；而那些認定自己是失敗者的人，即使有成功的機會，也不可能成功，因為她們總是不由自主挑自己的毛病：「我不習慣按期交稿」「如果我能夠準時，早就高高在上了」「從來沒有人告訴我該怎麼做，也別指望我能自己找出方法」「在我升遷的可能性不大時，我就不加班，別想剝削我」。

事實上，當妳想在陽光下占有一席之地的時候，就必須要做好挨罵的準備；當你想按自己的方式有所作為時，就會發現，小小的妒火很快就會熄滅。阻礙女人成功的最大障礙，是自主選擇，而這又是成功的先決條件。獨立，意味著別人不能再干涉妳，妳知道自己是誰，但這需要鼓起勇氣。

第六章 女人優點

造物者創造女人的時候，就注定了她們與男人不同，正是這些不同，造就了她們自身獨特的優勢。

成為一名女人味十足的女人

現在，社會常常這樣評價一個女性：女人味。到底什麼叫女人味呢？

現代的女性講究的是既有一定的學識修養，能適應激烈的社會競爭，又要具備一定的情趣的女人。一個現代女人形象應該是聰明機智、善解人意、舉止大方、談吐文雅，簡單歸結為一點，就是女人味，而身為一個現代女性，就要注意讓自己全面發展。

女人也要「有風度」

優雅的風度像有形而又無形的精靈，緊緊抓住人們的感官，悄悄潛入心靈，留下難以磨滅的印象。

具有某種魅力的女性不一定具有風度的魅力。風度是一個人的文化教養、審美觀念和精神世界的結晶，折射出的光輝也最富於理性，最富於感染性。一個女人可以有華服妝扮的魅力，可以有花容月貌的魅力，但不一定有優雅的風度。

聰明的女性不是不要鏡子，而是能夠從鏡子裡走出來，不為世俗偏見所束縛，不盲目模仿他人。

風度神韻之美靠的是「充內」——質樸的心靈；「形外」——真摯的表現。前者使之舉止大方，後者使人坦誠率直，不事造作。「質樸」是一種自我認識、自我評價的客觀態度，質樸的女性，總是善於恰如其分選擇表達自身風韻的外化形態，使人產生可信的感受；她們就是她們自己，而不試圖借助他人的影子來炫耀、美化自己。所以，她們的風度美，往往具有一種樸質美。

「真摯」是一種踏實的生活態度。她們對人對事不虛偽，不狡詐，又能信賴人。真摯的女性，對自己的風度美不掩飾，對他人的風度也不嫉妒，而是泰然處之，使人感受到一種真正的瀟灑。

「猶抱琵琶半遮面」的羞澀魔力

任何動物，包括最接近人類的猩猩，也不會害羞，自然也就沒有羞澀。羞澀是人類最自然、最純真的感情表現，是一種感到難為情的心理活動，往往伴隨著甜蜜的驚慌，異常的心跳。

有詩曰：「女子，你那嬌羞的臉使我動心，那兩片緋紅的雲顯示了妳愛我的純真。」一張羞澀的面孔，便是一首優美的詩。

羞澀朦朧，魅力無窮。康德說：「羞怯是大自然的某種祕密，用來抑制放縱的慾望；

它順其白然的召喚，但永遠同善同德和諧一致。」普拉克西特列斯的雕塑名作《克尼德的阿芙洛蒂忒》和《梅第奇的阿芙洛蒂忒》，都反映出女性的羞澀美。羞澀猶如披在女性身上的神祕輕紗，增加了她們的迷離朦朧，是一種含蓄美。這種「猶抱琵琶半遮面」、「插柳不讓春知道」的神韻，尤能刺激人的豐富想像力，甚至使人著魔入迷，如醉如痴。

善良是一種選擇

善良的美德可使一個平凡女子在平淡的生活中獲得眾人的心，這樣的女人具有永恆的美。

富有同情心、善良的女人，她們心地純潔，有這麼一個動人的故事：

格雷夫斯和安同住在一間病房，格雷夫斯的家人很疼愛她，每天她的床頭都飄散著玫瑰花的甜香，格雷夫斯也非常快樂。

可過了幾天，格雷夫斯開始有些不安，因為同病房的安從未收到過一束鮮花，她常常探過身來欣賞那剛送來的鮮花。她年輕漂亮，但是從她那褐色的大眼睛中，格雷夫斯卻看到一種飽經艱辛和憂傷的神色，因為安從小便是個孤兒。這使格雷夫斯不自在，她很想消除安眼中的憂鬱，至少也讓她享受到接受鮮花的快樂。於是，格雷夫斯就把這個想法告訴了母親。

剛吃完晚飯，鮮花就送來了。

「又送花來啦。」安笑著說。

「不，這次可不是給我的，」格雷夫斯看看花束上的卡片說，「這是給妳的。」

安接過花後默默、長久凝視著鮮花，用手指輕輕撫摸著，似乎想把這一切深深銘刻在心上。

「謝謝你，我非常快樂。」安微笑著說。

格雷夫斯認為這點小事算不了什麼，重要的是她看到安與自己一樣快樂了！

人並不是孤立活在這個世界上，每個人都渴望得到他人的關心愛護。生活有時是殘酷的，它使一些人不能像常人一樣生活，有的人沒有健全的身體，沒有幸福的生活，他們更需要受到關愛。應用心去體會他人的感覺，盡量不要觸及他們的傷痛，讓人與人之間充滿同情和體諒，把你豐富的感情導之於愛，把你善良的天性導之於美。

記憶力驚人的女人

有些女人的記憶力讓男人瞠目結舌，她們的腦袋就像是記事本，什麼事都抹不掉。

這種女人，凡是經歷過或見過的事，什麼該記，什麼不該記，什麼該記多久，都好好儲存著。她可以隨時不費吹灰之力為她所愛，或所恨的人撰成一本書。你若有恩於她，你的善行永遠也不泯滅；你若惹惱了她，她會將你的罪孽寫進她人生坎坷的備忘錄。但若囑咐她去市場買菜時順便帶回一盒煙，她說不定就會忘記。

女人的異常神準的「第六感」

有人說，女人的思考方式和原始人有些相似，即情感式的依靠本能和習慣，卻能正確適應外界環境。女性擔負著延續種族後代的重任，因此她們和男性比起來，更依靠本能與情感。生產、養育孩子單靠科學的力量是不夠的，從根本上說，它需要原始本能的支持。支配女性行動的是「感覺理論」，她們多數能在瞬間把握事物的整體，發揮驚人的直覺能力。

另外，像家庭主婦，由於女性的活動範圍受到很多限制，日常生活單調乏味，所以，她們將注意力集中在一兩件事上面，還能找出事與事之間的聯繫，這大概也是女人「第六感」準的一個原因吧。

第七章 女人秘密

有人說：「男人靠征服世界來征服女人，女人靠征服男人來征服世界。」

英雄難過美人關，大概就是這麼一回事。

怎樣的體態才叫健康美麗？

以下面是國際美容專家所提出的女子健美標準：

(1)骨骼發育正常，身體各部分均勻相稱。

(2)胸廓寬厚，胸肌圓隆，豐滿而不下垂。

(3)雙臂骨肉均衡，雙手柔軟，十指纖長。

(4)肌肉柔潤、嫩滑而富彈性，體態豐滿而不覺肥臃腫。

(5)脊柱背視成直線。側視具有正常的體型曲線，肩胛骨無翼狀隆起和上翻的感覺。

(6)腰細而有力，微呈圓柱形，腹部呈扁平。標準的腰圍應比胸圍約細三分之一。

(7)臀部鼓實微呈上翹，不顯下墜。

(8)下肢修長，兩腿併攏時正視和側視均無彎曲感。

(9)整體觀望無粗笨、虛胖或過分纖細的感覺，重心平衡，比例協調勻稱。

容易傷害女人的三種動作

當健美、健身在大街小巷開始流行時，那些因生育等原因而腹部鬆弛、身體發胖的中年女性，也開始鍾情於此項運動。不可否認，這樣的活動對身材有一定的作用。但健美更要健身，健美時要避免做下列會對身體肌肉、韌帶、背部、膝部和足踝造成傷害的動作。

(1)深蹲

深蹲是一種常見的運動方式，但深蹲同樣是一種常會造成傷害的動作。深蹲令膝部疲勞，並能破壞骨骼結構。較佳的替代動作是雙膝微曲，背部挺直，這樣做能使大腿、小腿和下圍的肌肉發達結實。

(2)直腿仰臥起坐

這動作能改善下圍曲線，但不良的後果是它可致下背部出現傷痛，較理想的做法是仰臥起坐時雙腿屈曲。

(3)指尖觸腳尖

彎曲身體並用指尖觸及腳尖的運動，不但容易拉傷腿筋，而且使背部增加壓力。最好改為坐在地板上，雙腿緊貼在一起，雙膝微微彎曲，才用手指觸及腳尖。

健康女人會做得四件事

優美的身段，光潔的皮膚是女人美麗的必備要素，美麗女人的保健有四要素：

(1) 講究經期飲食

經期的婦女情緒較為暴躁，那怎樣才能安穩度過那令人心煩的時間呢？要注意以下事項：不要吃生冷食物，但可酌量吃糖。這時期吃糖，不但有助健康，還可有減肥功能。經期的第一二天，可吃豬肝，豬肝有破血功效，能促進新陳代謝，將體內不淨的血液盡可能排出；第三至七天，可以吃點豬腰子，腰子可以幫助骨盆的收縮和消除疲勞。

(2) 經期衛生五要訣

⇩ 避免感染。衛生棉或棉條要乾淨勤換，洗澡時可用流動的溫水沖洗外陰部。

⇩ 避免過勞。月經期易疲勞，必須避免精神和體力過勞、不要做劇烈運動，而適當的運動可以促進盆腔的血液循環，使經血通暢，對身體有益。

⇩ 避免濕冷。月經期間要注意保暖，避免寒冷刺激、尤其要防止下半身著涼，如淋雨、用冷水洗腳、洗冷水澡、坐在地板等，以免盆腔血管收縮，經血過少或突然中止。

⇩ 避免情緒波動。經期情緒不穩定，會使月經失調，發生閉經或經期提前延後。

⇩ 避免刺激性食物。月經期由於內分泌變化，有人易腹瀉，有人易便祕，應吃新鮮易消化的食物及含鐵豐富的食物，以補充營養，不宜食生冷、辛辣的食物，如冷盤、冷飲、辣椒、大蒜等。

(3) 孕期應注意五症狀

孕期內的婦女常身體不適，如何安全、平穩度過孕期，婦女還需要注意以下症狀。

⇩ 陰道出血。妊娠初期出血，可能是流產、宮外孕。中、晚期出血可能是早產、前置胎盤或胎盤早剝。

⇩ 腹痛。妊娠早期腹痛多半是流產，妊娠後期劇烈的腹痛，往往是早產或者胎盤早剝等。

⇩ 破水（陰道流出水樣液體）發生在妊娠中期，往往是流產、早產，如果臨產期，那有可能是臨產的預兆。

⇩ 體重急遽增加。手腳部浮腫，出現頭痛、頭暈、嘔吐等情況，要及時去醫院檢查治療。

⇩ 無胎動或胎動次數減少。每小時胎動少於三次，每天胎動次數少於二十次，可能是胎兒有異常，應去醫院檢查。

(4) 主婦簡易解乏四法

工作的壓力、勞累的家庭瑣事，常使女性心神憔悴，如何改變這種現狀，可以按以下幾種方法。

⇩ 梳理頭髮、洗臉、重新化妝，可以收到調節緊張情緒的效果。

⇩ 散步十五分鐘，舒展一下身體。

⇩ 躺下來，全身放鬆，什麼事也不要想，休息靜養十分鐘，可恢復精神。

⇩ 打開窗，做一分鐘的深呼吸，疲乏感會立即減輕。

使妳的頸部更迷人

頸部是女性形體中非常有魅力的部分，一位頸部健美的女士，即使配戴一條極其平常的項鏈，也能韻味無窮，讓無數男士為之怦然心動，那如何才能使頸部健美迷人呢？

應抬頭平視前方。看書寫字時頭不要太低，時間長會使脖子僵直，經常伏案工作的人，要注意頸部肌肉的鍛鍊，尤其中年人更應注意，否則容易發生頸椎病。

當你洗完澡或清洗頸部後，用一些乳液，兩手搭肩，固定肩頭不使其移動，向左右兩邊作頭側屈運動，每天三到五次，也可以從頸上端向下做十分鐘按摩，便可以防止皺紋過早出現。

另外，夏天外出一定要戴遮陽帽，防止陽光直射頸部，引起頸部早衰。

擁有健美的腰部

女性腰圍應小於胸圍和臀圍，略微呈圓柱形，上與寬厚的胸廓相連，下與圓滿適度的臀部相連，腰部纖細而結實。從側面看，女性應以腰部為中心呈S型曲線，這種女性從青春期開始，脂肪便均勻分布全身，尤其是在身體的上部或下部，腰部卻很少聚積，這是經常進行腰部鍛鍊的結果。粗細適當的腰部，柔軟而有力，運動靈活協調，給人「健」與「美」

的感覺。

要使腰部健美，除注意飲食之外，應加強腰部鍛鍊，每天堅持按下列方法做一兩遍，幾個月後，便會感到明顯的效果。

(1)坐在凳子上，兩腳用繩或其他東西固定，將兩手交於腦後，身體向後仰，然後再坐起，反覆做三四次即可。

(2)身體仰臥於床上，兩手放在腦下，兩腿屈膝。然後，兩腿一同向右倒，並盡力觸及床面。做完後，再換向左側，重複做一次，如此反覆，多做幾次。

(3)用兩腳分開立於椅子後面，再用雙手撐住椅背，做體側彎運動，每次做五分鐘即可。

(4)身體仰臥於地毯上，兩臂伸直並置於頭的兩側，先向右滾動一到一點五公尺，再向左滾動一樣的距離，重複做三四次即可。

擁有健美的腹部

腹部扁平是女性健美的一種標誌，扁平的腹部才能使胸部顯得更豐滿，腰部更纖細。若想達到這一點，必須加強體育鍛鍊。

(1)平躺在床上，兩腿伸直，將兩手置於身體兩側。抬起身並同時舉左腿，再用你的右手碰你的左腳趾。恢復原來姿勢後，再抬起上身，同時舉右腿，並用你的左手碰你的右腳趾，重複做數次。

(2)仰臥在床上，兩腿伸直，將兩手置於身體兩側。將上身抬起離床，同時，兩腳也離床，背部不要彎曲。試著用你的雙手去碰你的腳趾，重複做數次。

(3)平躺在床上，兩手按在身體兩側，上身不動，兩腿伸直用力向上向後舉，盡量做到兩足在頭後觸及地面，並保持這個姿態三到五秒鐘。此套動作重複數次。

(4)仰臥在床上，脫去外衣，解開腰帶，將右手掌放在腹部輕輕按摩，先上下按摩，最後轉圈按摩，直到局部發熱為止。

但需要注意的是，做腹部健美操時，不能一直暫停，只有持續、不間斷每天做三十分鐘以上，才能達到減肥健美的目的。

有益臀部的健美運動

不經常鍛鍊的女性臀部容易積聚脂肪，肌肉也容易鬆弛。臀部健美減肥操能防止你的臀部脂肪積聚和臀肌下垂，只要經常做，就能擁有健美的臀部，具體方法如下：

(1)面向牆壁站立，用兩手扶牆，兩腿相互交替向後伸直抬起，按一定節拍點地，直到感到疲勞為止。

(2)側臥於地，上部以一臂肘撐地，手支撐頭部；下部以一腳撐地，兩腿伸直併攏，非支撐腿伸直並用力外展，再恢復原姿勢，兩側交替做十五到二十次。

(3)兩腿併攏，兩膝跪於地，上身向前探出，兩手臂伸直，兩手撐地，抬頭，目視前方，左腿用力向後上方抬起，伸直，向外展，用腰部力量將該腿甩向右側，頭向右轉，看左腳尖，恢復原姿勢，兩腿交替做十五到二十次。

(4)兩腿併攏，兩膝跪於地，上身向前探出，兩手臂伸直，兩手撐地，抬頭，目視前方，左腿用力向後上方抬起，伸直恢復原姿勢後，換右腿再做一遍，重複做十五到二十次。

還妳一雙修長美腿

修長、圓潤、結實而又勻稱的腿，能使一位女士亭亭玉立、動作優雅，獲得無數欣羨的目光。

(1)直立、兩臂側平舉，肩放鬆，腳跟併攏。右腿屈膝高抬盡量碰右肘，身體保持正直。右腿放下左腳踢起，腳尖盡量接觸右手。注意腿要繃直，腳要放鬆，換左腿做相同的動作。動作開始時慢一些，以免扭傷肌肉和韌帶。兩腿各做三到十次。

(2)端坐，兩手叉腰，使兩腿盡量分開，至肌肉繃緊稍感不適為止，注意不要拉傷肌肉。右腿抬高離地面約十五公分，慢慢移向左腿，懸空停頓一會兒，再移向原位放下換左腿再做相同的動作，兩腿各做二到十次。

(3)仰臥，兩腿併攏，繃直，左腿慢慢抬起，到和身體垂直為止，然後恢復原來姿勢。這樣連續做五次後再抬左腿，右腿也連續做五次，可反覆做五到三十次。

(4)上半身俯臥桌子上，以臀部為支點，兩腿懸空，上下交叉擺動，動作幅度要大些，連續做十五次左右。

(5)仰臥，兩腿像騎腳踏車一樣前後蹬動，連續做十次。

(6)經常利用各種條件抬高雙腿，這樣有利於腿部血液回流，使腿部肌肉放鬆。

除以上六點以外，還可以盡量參加一些有利於腿部健美的運動，如慢跑、跳繩、游泳、騎車等。只要能持之以恆堅持，終有一天妳能還給自己一雙修長、健美的腿。

女性殺手：乳腺癌

在問卷中令人意外的是：90%的女性不能背出自己三圍的準確尺碼，60%的人已經數年沒有接受完整的體檢……女性對自己的身體居然還如此陌生！

也許正是這些細節，越來越嚴重威脅著女性的健康。

乳腺癌已經成為全球名列第一的「紅顏殺手」。每年全世界有超過一百二十萬的婦女遭受乳腺癌的侵蝕，而她們中的五十萬人被奪走生命。醫學專家鄭重提醒我們：60%的惡性腫瘤其發病與生活習慣相關，而乳腺健康更有賴於定期乳房自檢等健康習慣的養成。乳腺癌可以透過及早發現、及早治療而大大降低死亡率。

從戴胸罩的角度來說，女性應該怎樣珍愛自己的乳房呢？

「從一開始發育的時候，就要穿青春期的胸罩，因為乳房裡的纖維一旦斷裂，就不會恢復。女性鍛鍊的時候，乳房如果抖動得很厲害，纖維組織就會斷裂，一旦以後表皮鬆弛，乳房一定會下垂。睡覺的時候脫掉胸罩比較好，有利於血液循環。定期做胸部的按摩，例如在每次洗澡的時候。」

關於乳房保養，有如下幾點建議。

(1)洗澡：把蓮蓬頭放在乳房下方，讓水流自下向上沖洗乳房，最好用冷水，或是不太熱的水，長期堅持有助於防止乳房下垂。

(2)健胸操：每天做體操，穿插一些健胸的動作非常方便。左手握右臂向外推，右手握左臂向外推，這些動作對避免乳房下垂、外擴都有好處。

(3)自檢和體檢：每月一次乳房自檢，每年一次體檢。

(4)心理調節：開朗的情緒對乳房健康大有裨益。

懶人也可以擁有完美身材

怎樣才能擁有完美身材呢？專家介紹了八個基本原則。

祕訣一：一定要吃早餐。早餐是每天的活力來源，若不吃早餐，便會整天無精打采，對身體無益，且白天多活動，比較容易消耗能量，假如在晚間才進食，反而較易發胖。

祕訣二：選擇合適的內衣。要保持完美的身材，必需選擇合適體型的內衣褲，如尺碼過大便不易發覺自己胖了；尺碼過小會將贅肉擠出，使身材更難看。

祕訣三：少穿高跟鞋。很多女士為了追求美感，每天都穿高跟鞋，這會令走路時重心向外，不但對骨骼不好，且令身材變形，很容易使腳趾外翻及出現雞眼。

祕訣四：不應蹺腳坐。很多女士都有蹺腳坐或將腳交叉坐的習慣，長期蹺腳坐會對體型有不良影響產生，很容易導至盆骨彎曲，肌肉附著不正確的位置。

祕訣五：注意睡姿。最佳的睡姿是仰睡，讓身心同時放鬆自然入睡，能有較良好的睡眠。側睡時若姿勢不正確，對脊椎及內臟都有不良影響，而趴著睡則會對心臟造成壓力。

祕訣六：應多泡澡。沐浴可促進新陳代謝及身心放鬆，泡澡尤其見效，全身浸於熱水中，效果是淋浴無可比擬的，若有時間，可悠閒泡澡，紓解壓力。

祕訣七：準時入睡。每晚入睡後，是人體荷爾蒙分泌最旺盛時，熬夜不但會造成內分泌失調，若吃宵夜，對身材及肌膚也會有很大影響。

祕訣八：多運動五分鐘。每天多運動五分鐘，就算飲食習慣照舊，你也可以成功減肥。冬天天氣寒冷，人寧願躲在室內運動，所以將每日運動加長五分鐘，倒有其道理，畢竟室內運動的激烈程度往往不及戶外運動，例如跑步機消耗的體能便遠不及戶外跑步。

女人的性感「小心機」

只有美麗、豐滿、野性的女人才性感得起來嗎？實際上，最耐人尋味的性感從來都是超越視覺，成之於內而形之於外，先天之外，亦得靠後天一點一滴的經營與解放。

如何讓你的性感更上一層樓，讓鍾情的男人死心踏地，有以下十二條妙方：

(1)小動作

在各式身體語言中，不經意的自我觸摸正是最讓人銷魂的小動作。如不經意咬手指、托腮、不經意將頭髮瀟灑向後撥，雙手輕輕捧著臉龐、無奈時聳聳肩膀，交叉雙手輕撫著肩頭或後頸，以及將手伸到毛衣內等，都是些嫵媚的小動作。

(2)異國情調

很多人都會被異國情調的那份野性及神祕吸引。

(3)感性與性感

不要只有外在的性感而沒有內在的感性，因為感性和性感從來都是相輔相成。一個感性溫柔的女人，無論思考、語調、一舉手一投足，都細膩而具感染力。

(4)在性感區戴配飾

腳踝、耳垂、肩胛、後頸、手臂、鎖骨等都是女性的性感部位，所以，戴腳鏈、耳環、手環或印個小刺青，在鎖骨戴精巧的項鏈，能讓性感魅力指數明顯上升。

(5)穿高跟涼鞋

男性喜歡凝望女性穿著涼鞋時裸露的腳踝、穿細跟的高跟鞋時婀娜的姿態。

(6)貼身牛仔褲

緊身牛仔褲的設計，瀟灑的造型讓你一「性」到底。

(7) 涵養野性的心

野性可以是輕佻不羈，愛冒險、愛幻想及隨時豁得出去實踐夢想。

(8) 會樂器或跳舞

會樂器及跳舞的人總會流露一份夾雜著性感的感性與溫柔，而這份意念其實比性感更誘人。尤其是拉小提琴或大提琴，跳西班牙舞、探戈時流露的委婉或冷豔眼神，更能殺人於無形。

(9) 擅用眼波流轉

眼神是抓住人心的強力武器。無論是憂鬱、飄渺、慵懶、天真帶笑的或眼中藏著火焰，只要有神有韻及充滿流盼，眼波便是性感的發源地。

(10) 呢喃軟語繞耳邊

為什麼法國人稱為是世界上最浪漫的民族？因為法語就像一種呢喃軟語，在適當地方停頓，加強節奏感，並藉韻律美，帶領聆聽者漫遊於你的思維，這種像與思維舞蹈的說話風格，不也是一種性感的經驗嗎？

(11) 沉浸無邊思海

很多人雖相貌普通，但一旦沉浸在無邊「思海」中，臉上自會不期然多了一份韻味。

(12) 陽光膚色

凝肌勝雪的膚色固然如新鮮樹上熟的桃子，賞心悅目，但一身陽光膚色配上纖膿合度的身型，何嘗不能散發野性的性感。

成為懂得享受性愛的女人

在性愛這個話題上，即使是最相愛的夫妻，有時也會難以溝通。你常常會抱怨他不了解你的心事，那麼現在，你是否願意慢慢走進他的心裡，聽聽他想說什麼？

女人「進入狀態」比較慢，所以相關文章總在喋喋不休教育男人要如何溫柔和有耐心。其實，男人時常承受著比女人更大的壓力和困擾，他們同樣需要時間來休息，才會有心情享受快樂的性生活。

首先，你們需要絕對的放鬆，再找到一種能令人興奮的事物。一杯葡萄酒，一個暗示，或是一些溫柔的枕邊語，就能使情人拋開外界一切，完完全全投入到你們的兩人世界中。

在性愛詞典中，最糟糕的句子就是「跟我做愛」。其實，對於這件兩個人共同享受樂趣的事來說，這句話僅僅表明了他的權利義務，比較恰當的說法應該是「我們一起做愛吧」。

美妙非凡的性愛體驗，就在於那慢慢達到高潮的過程。但是有時會遇到打擾而不得不暫停——也許電話鈴在不該響的時候響起來，聽完電話可能不得不重來。如果你們被突然打斷，那就別指望在剛才的狀態下繼續進行。比較好的選擇是：從第一步的燃情階段重新開始，然後慢慢回到你們剛才的狀態。

對於男人來說，視覺上的刺激往往會使他的興奮程度得到意想不到的提高，會使他的身體發生變化，表現出強烈的性衝動，所以，如果女方回答不出前面那個問題，應該學會問戀人，請他告訴自己。如果他對妳身體的某個部位特別專注的話，為什麼不展示給他看呢？那就擺一個姿勢，或者穿上性感睡衣吧。

四週「性」福訓練

在緊張的工作之餘，女性非常需要進行一些適當的調節性運動，緩和疲憊的身心。而根據權威專家的研究，四週訓練法對人體健康有非常大的幫助，具體做法如下：

第一週

第一天：

到戶外進行半個小時太陽浴，在陽光下欣賞美景，想些快樂的事情。陽光，有提高人體血液中的羥色胺、多巴胺的作用，促使性慾旺盛。

第二天：

做戶外運動，比如騎腳踏車，或者打羽毛球，因為運動能增強體質，提高肌體的免疫功能。

第三天：

看愛情小說，重新體驗那種純真心跳的感覺。

第四到七天：

遠離都市的喧囂，找一處寧靜的地方，回歸自然，偶爾的孤獨會讓你更懷念他的溫柔。

第二週

第八到十一天：

根據他的愛好，在床頭放點他喜愛的物品，如果他喜歡熱烈，不妨將床單換成大紅色。總之，在最私密的床上，試著給他一些驚喜，不要小看這些細節，它會在不經意中撩撥並且助燃他的心情。

第十二天：

以一些助性食品為食材做菜，比如杏仁、牡蠣……

第十三天：

回家後的一個擁抱，多年的老夫老妻，可能你們已不習慣在對方回家後擁抱，那麼不妨今天在他下班後，給他一個深情的擁抱，相信他一定不會拒絕。

第十四天：

挑幾張你們最喜歡，充滿愛意的照片，掛在家裡顯眼的地方，等他回來時，一起回味甜蜜的日子。

第三週

第十五到十九天：

老夫老妻並不表示就可以隨便，花點時間，改變一下穿衣風格或是去做美容，一定會給丈夫帶來意外的驚喜。

第二十到二十一天：

不要把將家事當苦差事，做家事也能鍛鍊性感。有專家認為，比如拖地、在陽台上澆花時，有意識注意動作的協調和舒展，就能鍛鍊身體的柔韌度。

第四週

第二十二到二十六天：

PC肌肉練習（見「PC肌肉與性高潮」一節），練習包括：收緊、保持、釋放。剛開始做，可以先慢一些。重複此項練習，自我監督，不可懈怠。

第二十七天：

進行肌肉訓練。仰臥、屈膝，在腰離地的情況下上下搖擺骨盆，重複十次。

第二十八天：

放鬆，在不感到累的情況下重複以上練習，相信將會有一個愉悅的晚上！

女人性冷淡的五種原因

所謂性冷淡就是指一個女人本身沒有性要求，在性生活時也體驗不到快感，便稱之為性冷淡。

性冷淡從某種意義上來說是一種病。有些病人只是缺乏性要求，而另一些僅僅只是在性生活時無快感，還有一些則是兩者兼而有之。在某些病人中，這種性冷淡與生俱來，也就是說生來就既無性要求，也無性交時的快感；然而絕大多數則是由於各種各樣的原因所造成，或者僅僅只是暫時性的。性冷淡在女性中比在男性中普遍，有些醫生甚至宣稱有50%的女人有性冷淡，這可能有些誇張，但如果說是25%，大概就差不多了。

為什麼如此多的女性都有性冷淡，原因有多種。

首先最重要的是，有些未婚女性會壓抑性慾，數百年來就是如此，不能將這完全歸罪於自然本能的問題。

第二個原因是手淫。過度手淫的人常發生性冷淡，甚至完全厭惡性生活，在性生活時也體驗不到快感和情慾高潮。

第三也是非常重要的一個原因，是丈夫的性慾較弱。當丈夫的性功能較弱時（比如有早泄），有可能減弱妻子的性慾，甚至不僅僅是使她陷入性冷淡之中，而是完全厭惡性生活。

第四個原因常常是因為不喜歡自己的丈夫。後兩種原因，即丈夫的性功能較弱和不喜歡自己的丈夫十分常見。一個女人可能和這個丈夫在一起時性冷淡，再嫁給另一位丈夫時卻性慾卻十分強烈。

第五種比較少見的原因就是懷孕。

以上是五種主要原因。其它的原因可能是子宮疾病、子宮頸撕裂傷、卵巢發炎、甲狀腺疾病等。有一種很有趣的現象，有些性冷淡的女人到了四十歲，甚至更大年齡時，性慾卻開始亢奮。

性冷淡分為先天和後天，先天的性冷淡往往很難醫治，但絕大部分的性冷淡可以治好。大約有四分之一或是三分之一的女人有性冷淡，她們很少或者是根本沒有性需求，在性交時體會不到快感，也從來沒有過情慾高潮。

泌尿系統感染的防治

有幾種情況容易使婦女的泌尿系統感染：泌尿系統過於靠近致病菌來源的肛門區；由於外傷、荷爾蒙耗盡、吸收水分過少、尿少等，導致對病原體的抵抗力下降；某種醫療條件和藥物不適；男性伴侶的泌尿系統可能包含感染源，而下列方法可能會有助於預防感染：

(1) 洗澡時避免使用任何會使尿道不適和遭受外傷的東西。如某些沐浴乳或洗髮精，殺精劑和潤滑劑同樣會引起過敏。有些婦女為了了解尿道是否仍然柔軟，而不斷檢查，致使尿道發炎，避孕藥片與泌尿系統易於感染也有關係。

(2)避免任何會使尿道口、尿道和膀胱受傷的事情，例如某些性交體位，尤其是後入；按摩棒和類似的性生活輔助器；手淫時過於猛烈按壓最強烈的刺激點；當陰道乾燥時插入保險套和棉條；過大的子宮帽壓迫膀胱和尿道，阻止尿液全部排出，止血墊和紗布也會出現這種情況，而生育或體重減輕四點五公斤左右時，子宮帽應該重新安置。

(3)性交前應要有較長時間的前戲確保濕潤，如果必要，應使用油性或水溶性潤滑劑。

(4)保證外陰清潔，使腸菌不會感染陰道和尿道口。包括清洗時要從前向後擦，每次撫摸後使用乾淨的毛巾，在觸摸前要保證雙手清潔；若有性活動一定要注意衛生，包括肛門，千萬不要把任何與肛門接觸的東西放回陰道。

(5)喝足量的水，保持尿液接近無色，這在急性膀胱炎期間尤其重要，尿液將沖淡附著在尿道上的細菌，並將已感染的尿排出。

(6)治療期間一天要浸泡兩次熱水澡，以促進該區域的血液循環使傷口痊癒，並保證水質乾淨。

(7)受感染的膀胱和尿道治癒後，要保持液體攝入量，遵照醫囑飲用適當的果汁，或服藥以維持尿液酸度，以抑止細菌繁殖。性交前飲用兩大杯水，性交後一定要小便，使尿液排出來自膀胱的細菌。

(8) 咖啡、茶、酒可能易使一些女性的膀胱發炎，應盡少飲用。

潔癖對陰部不利

有些女性的生殖系統原本健康，卻頻繁使用中藥外洗劑、高錳酸鉀溶液等消毒液沖洗陰道及外陰，想以此預防婦科疾病，實際上，這種做法反而可能產生不良後果。這是因為陰道有自我清潔的功能，能夠保護婦女生殖系統；如沒有醫囑，自行用消毒液沖洗陰道，就可能破壞陰道的防禦功能，若頻繁使用，還可能使外陰皮膚的抵抗力下降。經常使用高錳酸鉀，還可能使皮膚油脂減少、皮膚過乾，引起外陰搔癢。

在日常生活中，提高自我保護意識，養成良好的衛生習慣和注意一些小節，能有效預防婦科病。例如，清洗外陰後再洗腳；不與其他人換穿衣服，尤其是內衣；清洗陰部的水盆、毛巾一定要專用，毛巾要定期消毒，患有手足癬的婦女一定要及早治療，否則易引起黴菌感染；不長期濫用抗生素和化學藥物沖洗陰道，以防菌群失調，引起黴菌感染等等。

陰部不適？安啦不是性病

專家指出，陰部不適並不等於得了性病，如以下幾種情況：

白帶異常。女性的白帶形態如何，因人而異。正常的白帶無色，外觀頗似蛋清，略帶黏性。一般在月經前後、妊娠期間可增多。淋病、衣原體感染所引起的子宮頸炎，常表現為白帶增多，黏液呈膿性。患陰道炎時，白帶也會改變，或呈乳白色凝乳狀，或呈黃綠色泡沫狀，或呈牛奶狀，並伴有魚腥味。這些白帶異常，多由真菌、滴蟲、細菌感染引起，屬於婦科常見病。

陰道破損。有些人在吃某些藥時，會發生藥疹，而且固定在生殖器部位，這是因藥物性過敏所引起，並非性病；再如，某些陰道栓劑、避孕藥具、局部外用藥，甚至洗滌用品產生的刺激，都可使部分人在生殖器部位發生接觸性皮膚炎。這些常見於男女性陰部的潰瘍性或外潰瘍性損害，都並非性病。

陰部搔癢。陰虱等性病會引起陰部搔癢，但當陰部出現搔癢時，更多的應考慮是陰部皮膚病，而不是性病。其中，真菌感染陰部搔癢是最為常見的致病原因。如果發生在外陰部，患者不僅感到陰部搔癢，還可發現外陰皮膚黏膜發紅；另外，外陰部的濕疹和神經性皮炎、疥疱等，均可使陰部搔癢。

由此可見，儘管生殖系統的許多症狀和性病症狀十分相似，但之間卻有著原則性的區別：性病的主要傳播途徑是性行為，如果陰部有不適症狀的患者能潔身自好，配偶也沒有性病，那就不必恐懼自己是否患了性病。同時，外陰部出現不適症狀，不要諱疾忌醫，應該到正規醫院，請有經驗的醫生診療，並按醫囑認真治療。平日要注意個人衛生，避免吸菸、喝酒和食用刺激性食物。

第八章 女人事業

女人走進社交圈，運用自己的智慧和才能，在男人主宰的世界裡搶占一席之地，她們是如此的耀眼，風光甚至勝過了男人；而不安好心的庸人費盡心機，想出「女強人」這樣的桂冠送給她們，甚至散播謠言說：「事業成功的女人，婚姻往往會失敗。」而這樣荒謬的言論，竟矇住了不少叱吒商海的職業女性，使她們不幸成為孤家寡人。

傳統女人vs.現代女人

事業成功的女性，不想因為對兩性之愛的需求，而屈就於男性，卻因為需要被社會肯定，仍然受制於男性所主導的社會。

首先是新舊之爭。幾代女性之間都有矛盾，究竟是要做一個新女性，還是舊女性？徘徊在傳統與現代之間，許多女性無所適從。

自主還是從屬？要不要自己賺錢？該不該爭取權益……女人的心靈總是被割裂。要像傳統女人一樣跟隨丈夫嗎？又覺得喪失太多自我，何況現在要靠男人吃飯，也不是那麼天經地義，因為許多男人也不想獨擔養家大任；至於一頭栽進愛情裡，又感到付出太多，經營一段關係實在太艱辛。

於是，女人決心放棄男人，不再付出。那生兒育女，享受為人母的喜悅呢？這又為現代女性增添了一番心理上的掙扎。這是因為，前幾代女性的例子太可怕，她們只能在生養兒女和實現自我之間擇一。一名想要有所作為的女性，不能遭受孩子的牽絆，這使得這一代女性，對扮演母親的角色總是躊躇不前。由於放棄做母親角色的罪惡感，再加上失衡男女關係所導致的單親家庭，甚至選擇當未婚媽媽……這使新時代女性飽嘗親子關係的苦果。

追求男人式的成功，畢竟不是女人所需，男人式的成功會為男人帶來滿足，卻只會為女人帶來失望。男人式的成功，使女人脫離了女性世界，卻又無法真正融入男性世界，因為男人也會與她為敵，或視她為異類。

成功女人「不成功」

成功女人的憂慮非常複雜而又千差萬別，而下面的話能夠體現出她們的心情：

「我不喜歡引人注目。」

「以往的舒適和平靜一去不復返。」

「成功培養成功，一場接一場的採訪、邀請、旅遊，沒完沒了。」

「我感到了冷落和疏遠，因為我不再是一名普通的職員。」

「現在人們似乎對我又敬又怕。」

「我感覺到，他打算與我競爭。」

「我擔心丈夫會離開我。」

「我越成功，我對丈夫越感到內疚，因為我已經沒有多少時間和精力照顧他。」

「我為夫妻關係感到擔憂。」

「我對丈夫的感情已經發生變化，我越來越看不起他。」

上述可以看出，成功可能會引起憂慮、孤獨、分裂、需求。女人追求成功，原本是想得到積極的結果，卻常常得到消極的結果。女人之所以會有種種憂慮，是因為社會對婦女還存在許多偏見，還不能完全平等對待女性與男性，女性的成功常常缺乏社會認同。

高情商面對職場大男人主義

職場上的情況雖然有時不足掛齒，也不必小題大做，但女人卻需要以正確的言行去糾正及證明一切，如果不分事情輕重，一律以強硬的態度對付，只會使男同事覺得自己神經過敏。

當外出為上司接洽公事時，不認識自己的人，多以為是上司的祕書而不是他的助理。要立刻糾正這個錯誤認知，別人便不會繼續以對待祕書的態度對待自己。如果是主管，則一定要矯正男人以為自己只是祕書、書記的印象，為此要謹慎記住下列幾條：

不要隨便在會議中寫筆記。除非會議中人人都寫筆記，否則自己不應是開會時唯一寫筆記的人，那是祕書的工作。

不要替別人斟茶倒咖啡。如果發覺開會時沒有咖啡，最好請祕書代勞。

不要在散會後收拾會場。就算自己手癢，那些煙灰缸、廢紙、茶杯，也應讓清潔人員負責。

不要替公司的商品做模特兒。有的女人聽到別人請她做模特兒便很雀躍，而不管是否有失身分。

在工作中，每天都會遇到一些大男人主義者作出各式各樣的評語，對於錯誤的評語，要冷靜而堅定的糾正他們。

女人先自重，男人才會尊重你。在那些規模大、歷史悠久的公司裡，在那些傳統上由男性主導的產業中，上述情況可能會比較嚴重，而中小企業的情況則相對較好。

別讓你的成功對男人造成壓力

大部分男人對於妻子的成功往往抱著矛盾的心理，他們會感到非常自豪，也常會感到非常煩躁。

為了預防女人成功可能產生的問題，有如下建議：

(1) 與男方詳細討論成功的意義。
(2) 成功的時刻不管有多麼激勵人心，一定要保持冷靜。
(3) 請教一下成功的婦女，請她們談談當時的感受和對於配偶的影響。
(4) 與配偶分享成功，關注他的需求，讓他舒心。

(5)經常與他談心。

剛中帶柔的職業女性

今天在大公司裡站穩腳跟的女性，她們聰明、有學識、刻苦耐勞、口齒伶俐、英明果斷，辦事大刀闊斧，絕不因循守舊。雖然性格不同，但都有著剛柔並濟的特質，而不是滿口粗話、狂笑或大失儀態。

女人若舉止柔和合宜，就可緩和競爭中的緊張氣氛。在工作上，將一些女人的特質適當包裝成男性化的特點，就能成為每一個男人都能接受的成功女主管。

成功的女性既不專橫拔扈，也不為所欲為，她們都明白若能善用女性力量，便能以柔克剛，以弱制強。女性化並不表示脆弱、沒有主見和絕對服從。女人和男人平等，要為自己是女人而驕傲，方可以發揮女性力量前進。

控制不住感情的人，如何管理別人？

哭可能會立刻得到同情，但這只是剎那間的事。從長遠的眼光來看，哭不但有損威嚴，也對事業形象有害。有些男人會看不起動不動便哭的女人，從而斷定女人不能成大事。

當上司對自己的工作表示不滿時，有些女人便覺得這是人身攻擊，受到侮辱想哭；有時工作繁重，壓力太大，自己精心設計的提案又被駁回，便覺得氣餒想哭；開會時別人對自己的提議吹毛求疵，越爭論越生氣，甚至氣到想哭。

如果自己是易哭的人，便要學習控制自己，在這些情形之下咬緊牙根，不掉淚，別令別人覺得自己軟弱、情緒化。

女人每個月的其中幾天，情緒會特別不穩，所以應該盡量避免在這幾天安排重要會議；如果不能防止，就應加倍小心留意。

有的女人一經別人批評，容易不經考慮，立刻為自己辯護，這樣會令人覺得自己根本不能接受善意或有建設性的批評。

能放鬆神經的方法很多，如學瑜珈或各種運動，另外跳舞、看書、聽音樂，甚至看電視，也可以達到穩定情緒的效果。

他人衡量自己能否成功的基準，是看自己能否應付工作上的壓力和挫折。如果太感情用事，上司不僅不會提拔自己，也不會派自己擔任管理職。若想成功，一定要犧牲一點私人情感，控制住自己的眼淚和憤怒，因為如果連自己的感情都控制不住，又如何去管理別人！

當妳成為女人的敵人……

倘使自己身居要職，與眾不同，風光無限，便能時刻感受到來自周圍嫉妒的眼光，該怎麼辦？以下幾種方法可使自己避免被嫉妒：

(1)化妒火為同情

如果女同事的嫉妒是因妳出色的工作成績，要先理解她們的失意；同時，還能多編造或擠出自己生活中許多還不如她們的「隱情」，告訴她們自己是多麼苦惱，比如丈夫冷漠、孤獨寂寞等等，讓她們覺得妳其實也不容易，甚至有些地方遠不如她們。而且切忌張揚，以此讓妒忌者心理平衡，反而對自己生出好感或同情。

(2)適時謙讓

對那些細小、不影響前程的好處，多多謙讓，一些名譽頭銜多讓給其他同事等，再比如與其他人共享獎金或殊榮等，這種豁達的處世態度無疑會贏得同事好感，也會增添妳的人格魅力，帶來更多回報。

七種天雷的職場同事

身為職場女性，總免不了與各式各樣的人打交道，而對於下述七種人，需要小心對待：

(1)吹牛拍馬的人

當此類人是同事時，不可與他（她）為敵，見面還是笑臉相迎；如果他（她）是你的部下，要冷靜對待他（她）的阿諛逢迎，觀察他（她）是何居心。

(2)尖酸刻薄的人

此種人如果是同事，與他（她）保持距離；萬一吃虧，聽到一兩句刺激的話，就裝沒聽見，千萬不能動怒，否則是自討沒趣。

(3) 口蜜腹劍的人

遇上此種類型的同事，最簡單的應付方式是裝作不認識。每天上班見面，如果他（她）要親近你，你就找理由躲開；萬一躲不了，就每天寫日記檢討自己，留下工作記錄。

如果此種人是部下，要注意三點：其一，使對方獨立工作；其二，不能讓他（她）有任何機會接近高階主管；其三，對他（她）保持嚴肅，不帶笑容。

(4) 翻臉無情的人

面對這種同事，不必與他（她）一般見識，實在不行就少來往。

有這種部下最令人傷腦筋，也沒有什麼好辦法。最重要的是不能因為他（她）翻臉，而特別遷就他（她），讓別的部下以為自己是欺善怕惡。

(5) 挑撥離間的人

這種同事，除了謹言慎行及和他（她）保持距離外，最重要的是與其他同事建立合作關係，如果他（她）向任何人挑撥離間，都要不為所動。

如果他（她）是你的部下，就要想辦法使他（她）離開，或孤立他（她）；如果下不了手，遭殃的就是自己。

(6) 躊躇滿志的人

如果他（她）是你的老闆，別在他（她）的面前出點子，盡量照著他（她）的意思去做。和這種人當同事，不能太順著他（她），只有讓他（她）嘗到一些失敗的苦果，才能真正改變及幫助他（她）。

(7) 憤世嫉俗的人

這一類型的人非常看不慣社會上的一些現象，認為世風不古，人心愈來愈險惡。和憤世嫉俗的人共事，沒有好還是不好，只要他（她）所憤之事不是公司制度，就只是個人行為。

對憤世嫉俗的部下，要勸他（她）多吸收新知。

成為一名讓部下心服口服的女主管

一名女性領導者，只有使下屬樂於接受自己的情感、態度和觀點，心悅誠服，才能順利工作。

對領導者，特別是新任領導者來說，要使下屬樂於接納自己，需要做到以下幾個方面：

(1) 多與下屬交流，使他們從感情上接納你

女性領導者必須經常與下屬交流，要向下屬顯示出「我樂於與你為友」、「我是真誠喜歡你們」等態度，恰當向下屬展示自己的知識才能，以及與大家相似的生活方式，下屬

就會放下戒心，而真心敬佩和親近你。

(2)體諒下屬，維護他們的尊嚴

在公家機關和企業，面對視野較廣、獨立性較強的員工，女性領導者必須充分尊重下屬的主角精神，體諒下屬的辛苦；面對知識淵博、各有專長且自尊心極強的知識分子，領導者則應特別表現出對他們的信任和尊敬，維護其尊嚴。

(3)區分場合，強化不同的角色意識

新主管應區分場合，合理強化自己不同的角色意識。正式場合下要「像個主管」，辦事果斷、有責任心、思路清晰、目光深遠、顧全大局、堅持原則；非正式場合下，要「像個普通人」，平易近人、不會官腔、善於傾聽、靈活處事。將工作與生活嚴格區分，是女性領導者的一項基本功。

(4)多加讚揚，讓下屬樂於聽命

善於發現下屬的優點，並真誠讚揚，消除人們辛勤工作後的疲憊、激發人們對成敗得失的反思，進而樹立起自己的威信，使下屬樂於接納自己。

(5)不要輕易樹敵

有些女性領導者個性急，易發怒，下屬的工作言行稍覺不妥，便劈頭罵一頓，出發點雖然是好的，但容易塑造下屬的敵對心理。樹敵的結果很可怕，在意想不到的時候，可能會有投訴自己的匿名信等事件發生。

因此，批評下屬要「溫而厲」，不要覺得是下屬，就可以隨心所欲對待。要牢記：「好員工不能挽救一名壞官員，但壞員工卻能讓一名有能力的官員下台。」

學會做一名輕鬆女人

如今，女性已不再需要笑不露齒，小腳婀娜；不需要在婚姻中遵守三從四德；不需要守在家中做賢妻良母。眼前的道路很寬，選擇很多，但在這眾多的選擇前，女性仍有些許疑惑與失落。

真的解脫了嗎？也許還有不少女性在為小資而掙扎，在為白領的一點情趣而憂鬱，試圖尋找平衡，尋求更多自信心。

據調查表明，「男主外女主內」的傳統分工模式比例，較十年前有所下降；但在現實生活中，卻有相當數量的已婚婦女在傳統觀念的潛移默化之下，忙於相夫教子，放棄對成功的追求。

對於許多在職場上廝殺而獲一席之地的女性而言，事業的成功雖然帶來了心理滿足，但欠丈夫和孩子太多卻是一塊難以祛除的心病。原本溫馨的家，可能因為無暇顧及而顯得冷寂。不少職業女性認為，居家女人既要料理家務，又要相夫教子，從事的是種種費力又難以價值化的隱性勞動，若將家庭當作自己的全部事業，長此以往，難免會對自己的存在價值產生懷疑。家庭是女人心靈的港灣，可沒有了工作，再平靜的港灣也會掀起波瀾。

許多職業，女人不能和男性站在同一條起跑線上；另外，就業競爭激烈，甚至可能成為公司首先考慮的裁員對象。當然，也有人持不同觀點，認為女性返回家庭，是為了重新找回安全感。事實上，不管是在家裡還是社會，當代女性注定會有著不安全感。

所謂心理健康，就是一方面能為社會所接受，另一方面能給自己帶來快樂。當代都市女性長期處於緊張的角色轉換中，而往往忽視自身心理健康，這就極容易患上各種心理疾病，對工作生活造成不良影響。

第九章 女人策略

合適的策略能讓女人更美麗，讓人過目不忘，而任何改變現狀的行為，都是追求美麗。在自我心態策略上，是自我鼓勵或開導，將消極轉為積極，體現自我魅力；在尋找伴侶的策略上，能幫助自己看清對方的廬山真面目。

不要做的十九種「公主」行為

以下是十九種「公主」行為，看看自己是否得了「公主病」？

(1)半夜打電話給對方，只是為了好玩，並沒有特別的用意。
(2)為了考驗他，大雨天約他出來，自己卻不去。
(3)在公共場合大聲對他指手劃腳，或在他朋友面前總對他用命令的語氣。
(4)當眾打斷他的話，對他的見解表示不屑。
(5)對他的行蹤刨根問底。
(6)無端指責他的朋友，並要他斷絕和朋友往來。
(7)為了讓他陪伴自己，干擾他的工作，不允許他出差。
(8)拒絕接受他的真誠道歉，一定要他跪下發誓。
(9)帶他參加朋友的聚會，將他冷落在一邊，自己和朋友們對他品頭論足。

(10)要男友幫自己購買內衣、衛生棉等，或要他幫助洗滌內衣、襪子等。
(11)約會時，讓男友等一小時以上。
(12)謊稱自己的身世，誇大自己的所為。
(13)約會一次後，便提出要見他的父母，或要求他來見自己父母。
(14)當眾糾正他的語病，讓他難堪。
(15)一見他與年輕女子說話，便趕緊催他快走。
(16)嚴格管制他的衣食住行。
(17)經常要求他帶自己去高級消費場所，支出全由對方負擔。
(18)經常拿別人男友比較。
(19)常常對他提起前男友，無論是批評還是褒獎。

女人的目光，是灼人的熱浪

古往今來，描述用眼神傳情的詞彙很多：眉來眼去、暗送秋波、含情脈脈等。如果女人愛你，她的目光是灼人的熱浪；如果女人討厭你，你就像浸入了冰涼的秋意，甚至連看都不看你。

女人的一凝眸、一斜睨、一注視，都反映出她們的真實想法。如果男人忽略了這些，就等於忽略了女人的情感，放棄了進一步交往的機會，因為能用眼神表達的含義，女人多半不願意再浪費一次。在許多電影、電視劇中，導演都善於把握女人的這一特點，利用眼神展示其複雜的內心活動，令人無限回味。

不過，女人的眼神並非總是有意，一些愛情上曾受挫、「自作多情的男人」，大概就是遇見了女人看似深情的眼神，結果誤闖禁地，置自己於尷尬之境。

一笑傾城，再笑傾國

微笑的女人多半有一顆善良的心。女人的微笑如春風溫暖，掃去人們心頭的陰霾，也能融洽的人際氛圍，為生活增加一些盎然情趣。

女人的微笑有著無窮魅力，為了那雙美麗的雙眸，男人可以拋卻所有的恩怨，放棄一切條件，所謂「一笑傾城，再笑傾國」，完美演繹了它的難以抗拒。

微笑的女人具有魔力，是使女人美麗、獲得好人緣的最佳策略之一，是每一個女人都應好好掌握的本領。

以柔克剛

有些男人虛榮心很重，自吹自擂不過癮，還想要聽別人奉承自己。而聰明的女人總是做一名優秀的聽眾，必要的時候還附和幾句，讓對方充分沾沾自喜。

順從與退讓並不是委屈，而是迂迴進攻，是女人自我保護的一種手段。有些男人容易衝動，一旦發生爭執，聰明的女人總是先迴避他的鋒芒，待其冷卻後，才冷靜溝通，既給足他面子，讓他有勝利的自豪感，又從根本上解決了問題。

有些男人固執，脾氣暴躁，無論何時都聽不進規勸。對此，聰明的女人便用沉默來表示抗議，用眼淚來保護自己。沉默使男人丈二金剛摸不著頭腦，不免心慌；眼淚令男人束手無策。兩面夾攻，再頑固的男人也不得不繳械投降。

請不要成為花瓶

英國政治家切斯特菲爾德（Chesterfield）說過這樣一句話：「一般說來，女子只有一個追求，那就是她們自身的美，別人的恭維話她們總是百聽不厭。」道出了許多女人追求外貌美的心理。

愛美之心，人皆有之；但是，有遠見的人都確切認識到「才智比美貌更不可缺」，英國喜劇作家維徹利（Don Wycherley）就說過：「我認為有才的年輕女子，沒有一名是醜陋的；而無才的窈窕女子，沒有一個是美麗的。」

確實如此，有的女子雖然擁有美貌，但是一開口就顯示出她的無知淺薄，毫無魅力。正如《舊約全書．箴言》中所比喻的那樣：「婦女美貌而無見識，如同金環戴在豬鼻上。」。才智能使美貌更明豔照人，能使相貌平平的女人具有吸引力，歷史上曾有許多熠熠生輝的才女，如漢末女詩人蔡琰、晉代女詩人蘇蕙、南宋女詞人李清照、清末「鑑湖女俠」秋瑾。

現代女性的才智如何，不僅僅在於是否能流芳百世，而直接影響生活，女性依靠良好的素養，能夠受到社會重視，從而獲得政治、經濟、社會以及家庭地位。

古羅馬歷史學家撒路斯提烏斯（Gaius Sallustius Crispus）說：「財富或美貌所贏得的讚譽是脆弱、短暫的；卓越的才智才是光彩奪目、經久不滅的財富。」

才情對於女性來說，比容貌和財富更為重要。偉大的戲劇家莎士比亞（William Shakespeare）說：「假如用一扇門將一個女人的才情關起來，它會從窗子裡鑽出來的；關了窗，它會從鑰匙孔鑽出來；就算塞住了鑰匙孔，它也會跟著煙從煙囪裡飛出來。」

女性人才的成就，並不比男性人才遜色。女性不必妄自菲薄，只有樹立信心，才能激發起旺盛的求知慾和強烈的進取心。面對世界的洪流，女性應該認識到這一點：男性的進步離不開女性的進步。女人應不滿足於現有的文化程度，不斷積累知識，豐富自己。

勿做「長舌婦」

「靜坐常思己過，閒談莫論人非。」這是一名優雅女人必備的修養。

似乎人們總覺得：女人多的地方，是非總是特別多。難道女人圈就必定是一個是非圈嗎？然而，有的女人就喜歡搬弄是非，卻無法將這些人從身邊一一剔除，也不能天天躲避，那怎樣才能擺脫是非的糾纏？

有的女人挑起是非，只不過是想引起別人注意，即使自己只是假裝同情，也可以滿足其部分心理需求，有助於成功擺脫對方。

不主動探求對方的隱私，也不要隨便談起自己的隱私。不要輕易談論別人的不是，人前背後都不要議論別人，小心獲得「長舌婦」的罵名。另外，大可不必輕信別人的謠傳，更不要參與傳播謠言，因為這種「長舌婦」的形象永遠登不上優雅的殿堂。

屬於妳的風情萬種

有的女人矯揉造作在賣弄風騷；但也有這樣一些女人，由於善解人意、成熟大方，讓人看到了另一種風情。

發揮優點，就是風情，例如傷心落淚的時候不會鬧太久，很快能將不悅拋在腦後；敢發脾氣，卻也可以立即原諒別人；知錯的時候能及時道歉。

既然大家都說女人善變，那麼在男人的生活裡，何不轉變為大節不變，能收能放呢？女人給自己一點喘息的機會和空間吧！同時，也給別人一點機會和空間。

妳是自卑的女人嗎？

有些女性，總覺得自己不如男人有能力，不如別人強大，當遇到一件有挑戰性的事情時，她們常說：「唉，我做不到。」這就是自卑的體現，那怎樣才能消除心中的自卑感？

(1)正確認識自卑感的利與弊，提高自信心

有些人把自卑心理看做是一種有弊無利的不治之症，因而悲觀絕望，自暴自棄。這是

一種不正確的認識，它不僅不利於自卑者的前途，反而會加重自卑心理。其實，比起狂妄自大的人，自卑者比較討人喜歡，因為自卑者不與人爭名奪利，安分隨和，並且善於思考，做事小心謹慎。自卑者應當充分利用這有利的一面，提高對生活的信心。

(2)正確評價自己

不僅看到自己的短處，也要客觀看到自己的長處。俗話說「比上不足，比下有餘」，只要能設法克服自己的缺點，就能提高自信心，減輕心理壓力，扔掉包袱輕裝前進。

(3)正確表現自己

有自卑感的人，不妨多做一些力所能及、較有把握的事情，並竭盡全力成功。成功後要及時鼓勵自己：「別人能做到的事，我也能做到！」當面對某種情況信心不足時，可以用「豁出去」的自我暗示，放鬆心理壓力，充分發揮自己的潛力獲得成功。

(4)正確補償自己

為了克服自卑感，可採取兩種積極的補償途徑：一是以勤補拙，知道自己在某些方面不及別人，就不要有所包袱，而應以最大的決心和頑強的毅力，在自己的弱項上多下苦功；二是揚長避短，有些人雖然生理上有缺陷，但有志者事竟成，口足畫家謝坤山就是一個很好的榜樣。

(5)要正確對待挫折

每個人都難以避免遭受挫折，但承受能力各有不同。外向的人較容易接受現實，樂觀彌補；內向的人卻容易深陷其中，嚴重還可能自暴自棄。應正確對待挫折，凡事不要期望過高，懂得自我滿足，知足常樂。

總是忍不住嫉妒別人

嫉妒是一種卑劣的心態，善妒者愛和別人比較，凡事唯恐別人搶先一步，看到別人超過自己，不怪自己不努力，卻怨別人有本事。只嫉恨別人比自己強的情緒，常會導致一些破壞性行為：如果跑得比我快，我就設法拖住妳的腿；如果我的工作有失誤，就盼著妳的工作也出差錯；如果妳獲得了成就和榮譽，我就否定、誹謗和抹黑妳等。

妒火使人喪失理智，甚至墮落到極其卑劣和兇殘的地步，而只要做到以下幾點，就不難驅散嫉妒的煙雲：

(1)樹立敢於競爭、勇於進取的精神

崇尚奮發有為，鄙視嫉妒行為，依靠自己的本領，堂堂正正與對手比賽。

(2)要有自知之明

有自知之明的人，能夠正視自己的缺點，在別人的進步和業績面前就能心境平和。

(3) 克服個人主義和虛榮心

將別人的成就和榮譽當做自己學習的榜樣和前進動力，這是擺脫嫉妒的根本方法。

想得到最多的愛，先成為最體貼的女人

最可悲的事情，就是發覺自己曾經享受過人生最貴重的東西。在一項對一千五百對以上夫婦的研究中，男人認為造成婚姻不合的最普遍原因，第二大原因是妻子不懂得表現愛情，僅次於妻子的碎念。

許多女人碰到危機的時候，都能夠高明應付自如；很可悲的是，她卻不知道給丈夫最渴望的愛情麵包。若丈夫失業了，患上結核病或是被關進監獄裡，妻子都能夠像直布羅陀海峽的岩石那麼堅強，幫助丈夫；但當生活正常平穩時，妻子就會忘記告訴丈夫，他在自己的心目中是何等重要。

許多女人相信，自己應該要被愛護，聽一些甜言蜜語。通常，抱怨丈夫忽略自已、不懂得讚揚自己的女人，往往也吝於對丈夫示愛，而時常挑剔批評。「有些人太愛自己了，她們願意分給別人的愛實在太少」，反過來說，最能夠體貼示愛的女人，也能從丈夫那裡得到最多的愛。

有些妻子不解，為什麼丈夫會追求那些懂得稱讚他們的迷人女人，因為愛情的饑渴並不是女性專有的疾病，男人也會患上。

做一名善解人意的女人

與男同事、男主管相處，無論誰對誰錯，切記成為一名勤快體貼的同事，最重要的就是要做到不與他們在面子上爭高低，否則即使勝了，效果也適得其反，因為男人通常心裡很清楚誰對誰錯，只是礙於面子不願承認罷了。忍住一時的口舌之快，卻得到一個永久的美好印象，何樂不為？

並且，切記不要當著外人面指責男友的生活細節和基本禮儀；待曲終人散，再與他細細一論短長。

聰明的女人善用欲擒故縱法

有些女人終日盯著丈夫，丈夫出門，質問去哪裡；丈夫回來，查問回來為什麼晚了；有異性打電話來，必問是什麼人？為什麼打電話來？追根究底，一點都不遺漏。有時還摸摸丈夫西裝的口袋，看有沒有什麼可疑物件或者蛛絲馬跡；逛街時，發現丈夫多看了幾眼店裡的女人飾物，便查問意欲何為！

理論上說，妻子應該有本事讓丈夫甘心忠貞於她，而不是逼丈夫對她好。妻子大概也不是完全不懂這個道理，但事已至此，也只好盯著他，以防不測，但只能防其身，不能收其心。這種女人的用心，大概是讓丈夫喜歡自己而不喜歡別人，結果卻讓丈夫不喜歡別人也不喜歡自己。

男女之間的事情，若已經不喜歡，還有什麼意思？丈夫不喜歡妻子，則丈夫喜不喜歡別人已經與她無關，故關鍵在於維持丈夫對自己的喜歡，即使丈夫喜愛別人，但最後鹿死誰手，尚未可知。

有自信的人不怕競爭，有感情的人不輕易放棄競爭，有知識的人知道如何競爭。聰明的女人，一生都以欲擒故縱為原則，即使到了緊要關頭也不例外。女人只能使男人因喜歡而守著自己，不能使男人因凶悍而忠於自己，這是女人在挑戰男人時，一個放諸四海皆準的真理。

給男友一點「情緒空間」

征服男人，就是征服男人的心。說話時與男友並坐，語調沉穩，心理學稱面對面的空間為「理性空間」，而將並肩而坐的空間稱為「情緒空間」。若要激發對方感情，應以低沉的聲音緩緩敘述，尤其在央求男友答應你某件事情的時候，這樣比大吼大叫有效得多，男友也會愉快答應。

人妻新手的五大守則

初為人妻，難免會遇到各種麻煩，下面總結了一些過來人的經驗，讓走進圍城的新娘能順利進入狀況。

⑴讓丈夫感到妳嫁給了天底下最出色的人

男人的自覺性不是靠女人的魅力「澆灌」出來，「他必須知道妳是打從心底為跟他結婚感到滿足，妳是天底下最幸運的人。男人只有感到自己不能被替代時，才樂於回到妳身邊」。

⑵隨時匯報行蹤

一個自信得可以（或者虛榮得可以）的丈夫即使很想知道妻子的行蹤，也太會打電話查崗，但並不是說妻子就可以為所欲為。一旦他找不到人，就會很惱火，他會覺得失去了對妳的「掌握」，受到輕視。所以不要輕易故弄玄虛，玩「距離產生美」。隨時匯報行蹤，不要回家太晚，更別妄想徹夜不歸，否則男人只會變本加厲。

⑶要主動交代和男性的交往

妻子別以為結了婚，就可以有恃無恐和男性友人交往了。男人的嫉妒心一點不比女人少，但他們大部分會硬撐著，實在撐不住了，才會旁敲側擊、指桑罵槐，而真到了這一步就晚了。所以明智的做法，是主動交代和異性一起吃飯、外出的事由。

⑷不要碎嘴

據說碎念是男人最不能忍受的女性缺點，儘管碎念對妻子的心理健康有好處，而自己碎念丈夫的那些毛病不僅沒改，反而向隱蔽化發展。

(5)經常說「我愛你」

「我愛你」這三個字本來是女人倡導男人說給自己聽的，但別忘了，男人對這三個字的溺愛程度絕不在女人之下。男人其實相當脆弱，他們需要不斷確知女人對他感覺不錯。如果男人對兩個人的關係沒有把握，甚至擔心，他就會煩躁不安，懶得投入。

二十道是非題，看妳的妻子學分有沒有及格

成為一名好妻子的有效辦法，就是不斷自省。自己是一位好妻子嗎？不妨看看下面這些問題，自己是否做得到：

(1)決定日常的家庭經濟開銷。
(2)想去看電影但丈夫身體不適時，主動留下來陪伴丈夫。
(3)時常與丈夫聊天，但不碎念。
(4)當丈夫的同事、朋友來作客時，會熱情接待。
(5)有空時會輔導孩子做家庭作業。
(6)不與男同事或前男友頻繁接觸。
(7)在外面受委屈，回家後便告訴丈夫。
(8)當發現丈夫在外面做錯事時，能提出建議。
(9)丈夫心情不好時，不會讓別人打擾。

(10)當丈夫的父母、親戚發生經濟困難時，會主動幫助。
(11)當丈夫提出性要求時，不會每次拒絕。
(12)常對丈夫說一些關心的話。
(13)保持快樂而不常常哭泣。
(14)有自己的興趣愛好。
(15)理解丈夫的事業與追求。
(16)當發現丈夫的疏忽時，能及時提醒。
(17)為丈夫加油，給他支持和鼓勵。
(18)買奢侈品時會徵求丈夫的意見。
(19)不當著他人的面批評丈夫。
(20)每次見面或分手前，都與丈夫相互招呼。

如果能做到這些，就已經是一位很合格的好妻子了，但這只是好妻子的努力方向，並不是依樣畫葫蘆。

第十章 女人男人

男人和女人，是一個永不過時的話題。先哲闡述了無以計數的至理名言，才高八斗、學富五車的學者也抒發了多如繁星的醒世格言。但所謂名言和格言，不是因為時代的局限性，就是因為個人偏見或理念不同，不是以點代面、以偏概全、一葉障目，或是顛倒是非，混淆視聽，就是觀念陳舊，人云亦云或是浮光掠影、淺嚐輒止，都不足以使人明白真相。之所以敢如此口無遮攔、大放厥詞，看準的就是男人、女人永遠是個說不清、道不明的話題。公說公有理，婆說婆有理，這句話用在男人、女人的話題上，實在是再合適不過。

從十個細節看男人的真面目

如何判斷這個男人是否可以繼續相處？在此提供幾條妙計，不妨一試。

(1) 看他的生活

他的家裡擺滿書，還是擺滿球賽獎狀？是不是擺著與家人的合影？家裡是不是零亂不堪？或許他一時沒空收拾房間，但如果他就是不愛乾淨，那他將很難改變惡習。妳必須決定：自己能與這樣的男人生活在一起嗎？妳有把握改變他嗎？

(2) 看他的交友

你不可能喜歡他所有的朋友，但如果你不喜歡他的大多數的朋友，這就提醒你：他可能不適合你。男人結交一些異性友人也不是壞事，這有助於他理解女性的特點；但如果他只有女性朋友而沒有男性朋友，就要當心了。

(3)看他如何對小孩

他如果嫌小孩麻煩，拒絕與小孩親近，那他永遠不會成為一個好父親；如果他非但不討厭小孩，還樂於與小孩交談，甚至俯身聽孩子說話，趴在地板上與小孩一起遊戲，這個男人無疑將成為一個好父親，值得與他發展關係。

(4)看他是否守時

八點約會九點才到，說明他沒把妳放在心上，他覺得自己的時間比妳更重要，實際上是他不尊重妳。

(5)聽他愛說什麼

如果他在女友面前充滿溫情的談起家庭，這種男人比較容易打動女人。還有一類男人喜歡對別人品頭論足，看不起任何人，聽信傳言，甚至對別人的遭遇幸災樂禍，這種男人就要趁早遠離。

(6)看他對前女友的評價

講女友壞話的男人靠不住，既然曾經相愛，為什麼要詆毀名譽?尊重前女友才是大度的男人；但如果他總是在你面前說前女友的好話，說明他仍舊情難忘。

(7)看他對母親的態度

對母親不好的男人，盡可能遠離他，男人對母親的態度，就能說明他對女性的態度。尊重母親的男人，同樣懂得愛自己的妻子。但要注意，如果男人過分依戀母親，言聽計從，很可能缺乏獨立性。

(8)看他如何看待金錢

有的男人總是搶著付錢，除了大方，也可能表明他想控制女友；而吝惜、小氣的男人在情感方面，也注定斤斤計較；至於揮霍無度，經常透支，甚至負債累累的男人，更不可與他交往。

(9)看他對工作的態度

從某種意義上講，男人對工作的態度就是對生活的態度，凡是在工作上稍不順心就跳槽的男人，幾乎可以預料有朝一日、夫妻關係出現一點點挫折，他也會一走了之。

(10)看他的心理是否健康

愛諷刺別人的男人，其實是藉貶低別人抬高自己，這種男人心理不健康；還有些男人會無緣無故發火，還可能對餐廳服務生無禮，這可能在精神方面潛藏隱患，有發展成憂鬱症的風險。

妳知道男友的戀愛動機嗎？

根據男人對愛情的態度和實際需求，男人談戀愛的動機可以分為心理動機型、生理動機型、社會動機型三種。

(1) 心理動機型

所謂心理動機型，就是說這種男人之所以會談戀愛，多半是基於心理上的刺激和需求，而這些心理動機很可能是因為寂寞、情感沒有依靠、自卑、幻想憧憬、沒有安全感之類的「心理因素」。

通常這種心理動機型的人，對愛情都有一份憧憬和期待，說明白一些，他有「理想型」，不僅是外貌和氣質，連性格和脾氣都已經擬定。一旦遇到了類似目標，這種憧憬和期待就會套在戀人身上，令對方非常難受。

(2) 生理動機型

所謂生理動機型的人，就是指性慾高漲、比較好強的男人，他們的戀愛動機，多半是為了一親芳澤或者是在好奇心的驅使下，想一探女人的身體祕密。

這種男人其實很容易分辨，因為他們的目的和重心都是在性的渴求，所以可以從他們的眼神和行為中看出來這三種談戀愛的動機上，生理動機是屬於比較感官、原始性的動機，一般來說，男孩在青春期發育的時候都會有這種想法。不過，這種生理動機性的渴求也只是短期的，只要發育完全、過了青春期就不會有這種渴望了，思想和人格會漸趨成熟。

(3) 社會動機型

所謂的社會動機，是指一個男人在談戀愛時所考慮的愛人條件，通常是根據社會背景來作選擇依據。當然，這種男人之所以會和女孩談戀愛，一定是受到社會風氣或是社會習性、文化的影響，才會想交女友。

說明白一些，就是這些男人可能本來不是很想談戀愛，但是為了家庭的關係，為了要讓同伴認同他，為了排遣無聊，為了證明他也很有魅力，於是他就處心積慮的去找一個女孩作女友。

有些人可能就是為了表現自己是很有男子氣概、很有女人緣的男人，才去找女孩，或許他根本不愛這個女孩，但是為了保護自己的自尊，他會不擇手段去追求。

因此，女孩如果忽然發現某一個男孩對你很好，急速展開攻勢，那就要特別小心，最好先清楚對方有什麼意圖，否則被當成工具事小，感情被騙事情就大了。

男人也會受傷

男人不可能永遠都是剛強堅毅，也要允許他休息，甚至允許他一時沉溺在失落裡，但最重要的是妻子能理解他，幫助他站起來。

社會往往要求一個男人堅強有力、能給人依靠、事業上有所成就，但現實生活卻沒那麼容易。別人能賺很多錢，或原本與自己差不多的人，現在卻比自己賺得多，造成心理上不平衡。一失落感在所難免，但若不能找回自我，不能面對，就會出現各種形式的「反抗」。

心理失衡。首先是自己不能接受自己。儘管別人會說：可以振作起來，再努力找一份好工作。但說起來容易，做起來難，沒有什麼特別的一技之長，要另起爐灶談何容易？若個性內向敏感，不願面對現實，礙於面子又不願尋求和接受各方面的幫助，將委屈、羞愧等種種情緒都壓抑心中，造成憂鬱、自我隔離、煩躁和容易發火，用自暴自棄和自我懲罰的消極方法，反抗面臨的處境，以求得暫時的心理平衡。表面上看起來很強硬，實際上內心卻很脆弱，也給整個家庭帶來了極大的痛苦。

要使失落男人從這種無謂的反抗中擺脫，妻子要能真誠理解丈夫的處境，尊重丈夫的自尊心，不斷關懷和支持；又要理智指出丈夫所採用的方式是消極的，用坦誠的態度與丈夫溝通，迴避或裝傻有時只會造成相反的作用，會使丈夫更加認為自己被看不起。互相接納、共度難關，才能使失落的男人盡快振作。

面對渣男劈腿時妳應該……

「如果丈夫不忠，我肯定會與他分手，不會給他任何機會。」

許多女人會這樣說，可是這僅僅是她們的假設；而當另一半真正對不起自己時，妳可能會意識到不論自己多麼生氣沮喪，還是不願意失去他。妳真正的目的只有一個，希望他改弦易轍只愛自己，但怎麼才能做到這一點呢？

(1)不要因為怕他離開，而不去勇敢面對他

面對三角戀，如果妳保持沉默，可能會真的失去他；而如果妳能鎮定面對妳所知道的不忠事實，就可能以不用爭吵的方式使他放棄小三。

(2)勿用牴觸情緒面對他

面對伴侶的不忠，自己完全有理由氣憤和發泄，但長期牴觸的態度只會使對方更疏遠自己。你們的交談應該是建設性的，對於他所說的話，應從可以修復關係的角度觀看，而不是考慮如何指責和攻擊他，除非妳想和他結束關係。

(3)別在情緒激動時做決定

在伴侶有不忠行為後，在做出決定之前，妳要清楚他的態度與選擇。當然，妳必須給他時間。也許在最初的時候，他想離開你，但時間會讓他冷靜，讓他意識到自己要丟棄的是什麼，他可能就會改變主意。

所以，只有當你們都心平氣和面對時，你才可能做出一個負責的決定。

(4)不要向熟人、親朋好友訴苦

在事實還未決定時，不要讓事態擴大。因為過多外人的干涉會使他覺得沒有面子，從而造成他的反感，更覺得與小三在一起更純粹輕鬆，特別是不要對父母碎念。

(5)不要打電話給第三者

不要打電話給第三者，因為這樣的談話會破壞自己在男友心裡的形象。直接插手了本該他自己解決的問題，把事情擴大，到後來難以收場。妳不自覺扮演了一個進攻者的角色，卻讓男友和另一個女人結成同盟，豈不是得不償失？

(6)不要立刻與別的男人約會

不要想著以其人之道，還治其人之身。

也許一時間，你會覺得快感，另一個男人的大獻殷勤，證明了妳依然具有魅力；可是，這樣的行為也能引起妳和男友之間永無休止的戰爭，他可以更加心安理得發展與第三者的關係，而妳的行為也會招來非議，到最後沒人肯同情妳。

(7)不要以自殺相威脅

以自殺相威脅，這招可能非常靈驗，他會留下來，向你解釋，承認錯誤，甚至表示不再離開你；可是，隨著時間的推移，妳的威脅讓他感到猶豫不決，他害怕妳會做出什麼事情。就是這種害怕給他一種壓迫感，他越來越覺得和第三者在一起更輕鬆快樂。設身處地想一下，換作妳的話，又捨誰取誰呢？

(8)不要過量吸菸、飲酒

以摧殘自己的方式報復他的欺騙，未免太不合算。當他見到形容憔悴的妳，不要指望他會寄於同情或關懷，大多數的經驗表明，不忠實的男人這時的心態往往是慶幸，慶幸自己趁早甩開了這樣一個難看、形象不佳的女友。

(9)不要因此而放棄正常生活

在整個情感危機中，如果妳能一如既往進行一些日常活動，將對妳的身心健康大有幫助。

(10)不要失去自己的尊嚴

不管事情的結果會如何，也不管心裡對他有多麼不捨，都要始終保持自己的尊嚴，不要卑躬曲膝，也不要歇斯底里。一般來說，自尊自立的姿態對男友來說，肯定更具吸引力。站穩你的雙腳，用理智去面對不忠的男人，有時也能幫助你們成功共同恢復往日的生活；如果情緣已盡，也不要再勉強，果斷的放棄，未來也許能柳暗花明又一村。

解析三種常見的浮誇男人

大部分男人都好面子，特別是在自己喜歡的女性面前，他們善於將自己的缺陷偽裝起來，而女人千萬不要被一些表面現象所迷惑，應從一些小細節認清他的真面目，以下解析三種常見的浮誇男人：

(1)耍嘴皮的男人

當約會的男人遲到時，妳不妨做個冷靜的心理學家。

這種男人在犯錯時應付的方法可分為兩類。一類是立即向對方賠不是，而另一類大概就是會提出辯解。前者是不折不扣的率直性格，且能體諒別人的心情；至於後者，與其說他不誠實，倒不如說他對自己沒信心，也可說是怯懦、神經質的典型人物，因為太在意自己犯錯後對方的反應，所以會過度防衛。

(2) 裝闊的男人

這種人共同的特徵，就是在自己喜歡的事、或跟自己有關的事上，就會大膽花錢，其他的花費則非常小氣。

這樣的男人在結婚後，恐怕是只會將維持生活所需的最低費用交給妻子，其餘賺來的錢都用在自己身上了。他每個月都會檢查家庭開銷及帳單，訂婚時期的大方、慷慨簡直如過眼雲煙，常會有「菜錢太貴了」、「美容院一年去兩三次就夠了」等斤斤計較的話。如果希望結婚後能過幸福的生活，就不要被這種人下的大「餌」所惑。

(3) 說大話的男人

任何人都希望自己看起來比真實的自己更偉大，同時也是一種想取悅別人的心態。因為這種因素，所以有些男人講話時，都會有吹噓或說謊的成分。

說大話的男人在現實生活中，還是無法成為他所說的那種人，因此很多變成歇斯底里的性格，要作為結婚對象交往的話相當困難。而且他善變，容易落入別人的陷阱，又往往喜好過奢侈的生活，而對別人事事都要橫加干涉，容易讓人敬而遠之。

對年輕女性而言，有必要看清上述三種男人的真面目，千萬不可一時糊塗，上了這些男人的賊船。

從穿鞋看對方是什麼樣的男人

想了解男人的一些特點，從他的穿鞋情況便能看出一二：

(1) 重複購買固定款式鞋子的男人

這種類型的男人是很念舊的男人，對於習慣的人、事、物有很深的依戀。因此，妳若是愛上了他，成為他的「另一半」，不妨多傾聽他的煩惱，多體貼他的生活細節，並且要和他的老朋友打成一片，擁有共同的生活話題。

(2) 一雙鞋子穿很久、節儉穿鞋的男人

這是屬於拘謹、放不開的保守型男人。為人處事不夠圓滑，常常會得罪人而不自知；在人際關係上，周旋的範圍較小；在專業領域中，他會因默默努力，而有成功機會。因此若是愛上他，要知道他可是一位外在淡漠、內心熱情的男人，不妨多多主動，多製造機會讓他表白。

(3) 隨便穿鞋的男人

這是個不拘小節的男人，常常眼高手低，生活沒什麼條理，又喜歡做白日夢，相信總有一天可以一步登天，容易過著自欺欺人的生活。你若是愛上他，會發現他的感情世界紛亂複雜，常常是忘不了舊愛，又拒絕不了新歡。

(4) 愛穿正統黑皮鞋的男人

這種類型的男人常有大男人主義傾向，而且對母親的意見十分看重。妳必須贏得未來婆婆的喜愛，才有可能從他的女朋友變成妻子。妳若是愛上他，不要想左右他，他有一套自己的待人處事原則，絕對不會因為妳而改變，他反而會要妳認同他的看法，甚至包容他的一切。

(5) 愛穿休閒鞋的男人

這種是注重休閒生活和生活品味的男人，喜歡掌握主動權，主觀意識強，對自己的要求很嚴格，對異性的要求更是挑剔。和他約會時，你可以感覺到他是個十分體貼的好情人，態度溫和有禮，言談風趣幽默，很容易將約會氣氛變得融洽，也是個十分了解自己喜歡什麼樣女孩的人。所以和他約會時，即使妳不符合他的理想，他也會很親切送你回家，但不代表他對妳有好感。

請不要「治療性吵架」

有些人常常忘記、或不知道應該給予伴侶適度的尊重，他所謂的「溝通」，是「別人妥協，而不是自己妥協」，是「別人低頭，而不是自己低頭」，如此，雙方就很容易發生衝突。

婚姻需要包容，因為夫妻是一體的。假如某件事大家都堅持己見，毫不相讓，又如何能恩愛生活？所以，生活中除了要有包容對方的習慣外，也要懂得改進自己的習慣，自我修正。

一名男子冬天很容易雙腳冰冷，所以習慣睡前洗熱水澡；可是他下班回家，妻子就叫他一定要先洗澡：「一回家先洗澡，身體才會舒服，我是為你好！」

有些人常用這種「都是為你好」的口氣來說話，或用「自以為正確」的態度來要求對方改變，但這種「我對你好」的單向溝通，常造成所謂「治療性吵架」（治療對方的錯），使得雙方的關係「更疏遠、更惡化」。

感情的事，有時候是不講道理的，假如連擠牙膏、看報紙、回家要不要立刻洗澡……都要爭出誰對誰錯，還會快樂嗎？婚姻如同翹翹板，此起就會彼落，沒有一方永遠高高在上或低聲下氣；有時適度在口舌上輸給對方，卻也是一種贏的策略！

事實上，夫妻有如一雙筷子，長短一致才能吃飯；假如筷子一長一短，長的也不一定比短的更好！因此若是有錯，就趕緊道歉，「對不起」不會讓人有所損失；如果你是對的，也閉緊嘴巴，而不是一點都不讓步說：「你看你錯了吧！」

夫妻之間若能「相互陪笑臉」，同時也對待另一半如婚前情人，感情必能更加幸福美滿。

先處理心情，再處理事情

人在爭吵的時候，往往怒火攻心，會口不擇言、專挑語病、翻舊帳，一定要壓過對方才甘心；可問題是，對方也有同樣的想法，也是抱持相同不服輸的戰鬥心態，所以才會愈吵愈厲害、愈發不可收拾！

爭吵時，只要一抓到對方話語中的弱點，就會毫不留情的反擊，以至於無法就事論事溝通；甚至吵到最後，根本忘記原先吵架的原因！因此溝通時，若一方講出不中聽的話，只要懂他的意思就好，不要追究他用的詞彙。

很多時候，爭吵的原因並非事件的對錯，而是說話時的語氣和態度。假如口氣太衝、態度太傲慢，加上用詞尖銳武斷，就會產生雙倍的負面效果，甚至形成惡性循環的言語攻擊。

其實，爭吵的目的在解決問題，而不是擊倒對方。如果某一天，與另一半發生爭執時，明智的作法是「先處理心情，再處理事情」、「一次事件、一次處理」，並且仿效銀行「今日帳，今日結清」——這才是高明的爭吵藝術！

請隨時關注伴侶的健康

許多男人對自己的健康漠不關心，而一朝發病，一檢查往往是病到險處。因此，妻子應該隨時關注伴侶的健康，注意以下幾條：

(1) 督促丈夫定期檢查身體。

男人總是用逃避的態度面對健康，平時對他的叮嚀也被當作耳邊風。每天早起晚睡，即使這樣忙碌，他也從來不覺得自己需要健康檢查。因此，妻子應多督促丈夫定期檢查，以免耽誤了治療。

(2) 陪丈夫一起求診

許多男人不太在意健康，只有眼睜睜看著身邊同齡的戰友倒下，才會意識到原來疾病離自己不遠，但這通常也只是短暫醒悟，用不了多久，他就會轉而去關注其他事情，而把健康拋在腦後。所以，了解丈夫的健康狀況，不要任由他將病痛一拖再拖，直到無法挽救。

(3) 隨時觀察丈夫的身體狀況

許多男人對自身疾病的認識和警覺比女性低，而且更不願意承認自己身體不好或有病，但總有一些疾病的蛛絲馬跡。有些疾病發生後，外表會有明顯的特殊變化，從頭髮、體態等方面都可以看出他的健康狀況。比如疼痛，並非只有手臂痛和胸痛才是心臟病的徵兆，從鼻尖到肚皮，任何沒有來由的疼痛，都應該立刻看醫生。

而男性高發的中風，有時也會先有一些微小的症狀，所以要注意他是否有說話含糊不清、視覺問題、虛弱或麻痺的狀況，而出血性中風還會有頭疼的狀況，早去醫院可以免去災難，身體有沒有問題，還是讓醫生決定吧！

(4)幫丈夫戒掉壞習慣

如果說女人無法控制自己的購物慾，透支的是金錢，那男人的不良生活習慣透支的則是健康。因此，作為妻子應該幫助丈夫戒掉那些壞習慣，因為有你相伴，能讓他更容易養成健康的生活習慣，也更有持續的動力。邀請他一起參加健身的行動吧，做些他也感興趣的運動，和他一起減重，提醒他保持安全的車速，幫助他多和有良好生活習慣的朋友交往，盡量在家裡動手做飯，同時，在他有所改進的時候多多誇獎他吧，把效果誇大一些也無妨。

丈夫的健康是婚姻幸福的基礎，因此，每一個女性都應關注丈夫的健康。

讓丈夫更愛自己的十五條構想

如何讓丈夫更愛自己呢？這裡提供十五條構想：

(1)遠行出差時，抽空在忙碌的行程中，寫一封充滿愛意的信，寄出妳的思念。

(2)對男人而言，刮鬍子就和每天換洗隱形眼鏡一樣麻煩，有時妳可以代勞，讓這項苦差事變得更有趣。

(3)別掩飾妳對他的讚許與感激，包括所有正面的情緒。

(4)和他的朋友打成一片，也是鞏固愛情的方法。

(5)買一瓶男性按摩乳液，親自為他塗抹。

(6)在百貨公司周年慶瘋狂購物的同時，買件丈夫期望已久的禮物。
(7)找一個適合的夜晚，泡一壺香茶，放一曲他最喜愛的音樂，促膝談心。
(8)買他喜歡的電影、音樂會或球賽的票券送給他。
(9)做愛時，化被動為主動。
(10)陪他運動，即使你並不擅長。
(11)家庭聚會或朋友聚餐時，在眾人面前稱讚他，並且確定他有聽見。
(12)約他到郊外野餐。
(13)在出門前，替他打理上班的造型。
(14)當他出差返家時，給他一個熱烈的擁抱。
(15)預定他最喜愛的餐廳，如果有現場演奏，為他點播一曲。

不要當愛情的傻子

(1)不宜過多盤問，那是不理智的行為，情場不是考場，愛神不是警官。
(2)不要自誇，那是離間純情的毒素。
(3)不要揮霍。標價的櫥窗型愛情，為純情的戀人所不齒，它會造成經濟緊張和精神壓力。

(4)不要互相猜忌。疑心是扼殺情感的墳墓，它表面上是愛的守護者，實質上是愛的獄卒。

成為戀愛節奏大師

很多戀人相處多年，到最後終究勞燕分飛，這樣的結局並非緣分未到，而是錯過了機會，因此一定要了解戀愛中的四種階段：

(1)保持冷靜

當遇到心儀的男子時，若想著「感覺很不錯！我一定要抓緊這個機會」，這種孤注一擲的想法只會讓自己手足無措，那麼在第一次約會時就很有可能不自覺喋喋不休，讓整個約會變得索然無味。

(2)求愛的方法

許多女人常常想「我等他先打來」，然後焦急等待，那麼有可能白白錯失機會，因為他也許也正在等妳的電話。此時應該勇敢主動一點，先做好充分準備：

⇩事先想好一個話題。注意：寧願稍微沉默，也不要誇誇其談。

⇩如果所談的話題不投機，應該想辦法盡快結束。

(3)覺察分手訊號

⇩他說起自己的前女友或母親時，總是一臉厭惡，這時千萬不要用「我了解他，他不會這樣對我」之類的話來安慰自己。

⇩約會時他總是喜歡談論自己，談話時也總是打斷你，當妳受到傷害或是情緒低落時，他表現得無動於衷，千萬注意這種自我中心論者！

⇩他總是讓妳決定一切，比如說約會時間、地點，甚至吃什麼東西，他總說「隨便什麼都可以，和妳一樣就行了」。

如果他具有這些特徵中的任何一種，那麼勸妳好好考慮一下，因為這些缺點會導致感情破裂。

(4) 終於苦盡甘來

交往一段時間後，你們總有許多話題可談，而不需要仔細推敲，在一起感覺非常舒服，即使出現一段時間的沉默，也不會感到尷尬。他總是熱情注視著你，而且約會結束時，他就迫不及待提出下次約會的時間，這是好的現象。

掌握了戀愛的節奏，還有什麼能讓你心煩意亂呢？

婚姻中的七個危險期

激情浪漫的戀愛過程總是很短暫，而平淡樸實的婚姻漫長無期。漫長的婚姻生活中，會有一些危險期，在這期間夫妻雙方如果關係處理不當，就會導致婚姻破裂。一般來說，婚姻生活中會出現七個危險期：

(1)責任焦慮期

比如孩子的降生，此時應該時常相互傳遞敬重與愛慕之情，鞏固和發展愛情。

(2)厭倦勞動期

家事是這一時間的矛盾焦點。作為妻子，首先要認識到丈夫有意願分擔家務，並強化他的意願；而作為丈夫，既然認識到有責任分擔家事，那麼就應該在生活中幫忙。

(3)漸漸分離期

到某種程度，夫妻之間會出現所謂的「靜默期」，很少互相吐露內心想法，似無話可說。這時，男女雙方通常就會去找能談心裡話的知己。

(4)七年渴望期

這時是離婚率最高的年份，聰明的夫婦往往會在這時重新調整生活。

(5)實力地位較量期

通常為錢、為孩子、為性或為姻親而爭吵。應聽取抱怨，不要把爭論暴露在他人面前，在雙方輕鬆平靜的時候多次討論，不要提離婚。

(6)二十年渴望期

一般也稱為男性的更年期，是他最需要得到安慰與理解的時候，如果妻子不能給予他這種理解和安慰，往往會導致他去尋找另一個女性。

(7)老年恐慌期

有些人會慢慢失去對生活的追求，開始抱怨生活。鑑於此，夫妻雙方應該互相理解和安撫，共同戰勝恐慌。

總之，一段完美的婚姻，只要夫妻同心，互敬互愛，及時溝通，就能恩愛到老。

老公做這十件事，妳的婚姻亮紅燈

每一樁離婚或準備離婚的案例都警示著人們：沒有問題的婚姻是不存在的。問題一般都是發生在某些生活小事中，不易引起注意。或者，有些人認為，小問題興不起大風浪，時間久了便會自行消失；但那些小問題，通常就是婚姻破裂前的警訊。假如人們加以留心，就能挽救即將破裂的婚姻，這裡提出婚姻預警的「紅燈」：

(1)丈夫要求妻子減肥

許多男人都感到婚姻不愉快，但又難以直接承認，於是就用不斷挑剔，掩飾對婚姻的不滿。他一下要求妻子減肥，一下又挑剔妻子的著裝難看。也許，這些人也不清楚對婚姻有什麼真正的不滿，而以為挑妻子的毛病就能改善婚姻關係，但實際上並非如此。

(2)比以往勤於探望雙親

有時候，當男人感覺婚姻不愉快，會突然喜歡在母親身邊多逗留一下。造成這種情況的原因之一，可能是妻子對孩子過於關心，而忽視了照顧丈夫。

(3)變成婚姻顧問

有些男人會熱心替那些婚姻有問題的同事想辦法；然而，這種人自己的婚姻也往往並非美滿。當一個人的離婚念頭模糊產生後，就會向那些同情他們、甚至支持他們的人傾吐。因此，他們常找那些已離婚的人，或是正遭遇婚姻危機的人聊天，想從中找到解決問題的方式。

(4)整天不在家

如果他將生活安排得異常忙碌，很難與妻子在一起，那麼就該當心了。

(5)漫不經心

許多男性都會故意不遵守某些與伴侶訂下的口頭協定，藉此暗示彼此的關係產生問題，有時候甚至會採取很強烈的行動，逼使伴侶不得不注意到他的抗議。

(6)自我中心

每個家庭的東西都有「他」和「她」之分，但這些東西是以共同擁有的形式存在。如果一個男人特別強調某件東西是屬於「他」的，那麼，他很可能是將自己看作一個獨立的個體，而不是伴侶。

(7)不再親吻

丈夫回到家不親吻妻子，分手時也沒有，甚至在床上也不和妻子親熱。這些變化可能是因為某一方感到很疲倦，也可能是想與另一方保持距離；不過，連偶爾擁抱一下也提不起興趣，問題就嚴重了。

(8) 不願改變形象

如妻子不喜歡丈夫留鬍子，而丈夫卻堅持不把鬍子刮掉，這也可能是婚姻關係變化的訊號。丈夫堅持留鬍子，是想表明他自己是個獨立的人，想從兩人世界抽離。有時候，男人突然改變自己的形象，可能表示他在潛意識裡想與過去決裂。

(9) 不願再規劃

如果丈夫不願意再規劃夫妻的共同行動或生活，如外出渡假、房屋修繕或生孩子等，那麼很可能丈夫開始對婚姻不滿了。

(10) 太專心運動

開始時，妻子出於好意勸丈夫多做運動，但後來丈夫花在運動上的時間和精力太多了，很少陪伴妻子，使妻子不滿。這時，妻子應該分析，運動可能提供了婚姻生活中所欠缺的東西，比如友誼，和在群體裡做一個有貢獻的成員。許多夫婦因為有各自的嗜好而相處得很愉快；可是，如果嗜好變成不留在家裡的藉口，問題就嚴重了。

如果你的婚姻出現了上述任何一盞紅燈，唯一的辦法就是直接面對，與伴侶面談。雖然並不輕鬆，甚至會很痛苦，但既然雙方關係已經發生變化，需要重新處理，當面談清楚，否則，問題會變成婚姻變化的致命武器。

九大蠢招把婚姻搞垮

夫妻之間任何一方不適當的行為，都有可能將婚姻推向死亡。作為妻子，哪些做法正慢慢把丈夫推向婚姻的邊緣，自己卻渾然不知？

(1)對丈夫百依百順

對於丈夫的任何要求或指責，如果總是百依百順，時間久了會讓他認為是在與頭腦簡單的人生活，甚至將妳看成是無知、不分是非的女人，最後他將瞧不起妳而遠去。

(2)不思進取

很多女性認為老公是自家人，只要他在外風光就行，因而對自己的要求大大降低；結果丈夫的事業騰飛，眼界開闊，相比之下自己卻原地踏步，與丈夫逐漸拉開距離，時間一長，兩個人定會話不投機半句多。缺乏共同語言的婚姻會怎樣？恐怕只能不歡而散。

(3)改不掉嬌生慣養的毛病

沒有人娶老婆的時候，是想照顧一位大小姐。丈夫同樣需要妻子的關懷，與女人相比，男人有時更像個孩子。

(4)對丈夫頤指氣使

事業有成的女性，有時會將高傲的情緒無意間帶進婚姻，面對能力和收入都不如自己的丈夫，取笑和懷疑他的能力，在家庭中處理任何事都不聽取和尊重他的意見，這樣只能加速婚姻走向破裂。

(5)不給他性愛

若妳是個動不動就以不與丈夫做愛作為懲罰手段的女性，那妳就太過愚蠢，以為別的方面占不了上風，就以此相要挾，丈夫真的會屈服於妳的這種做法嗎？不僅如此，還可能造成丈夫對做愛有心理障礙。而如此重要的婚姻內容已被放棄，婚姻生活便從此有名無實了，早晚他會與妳分道揚鑣。

(6)隨時監控他的行動

妳總是多疑，對於丈夫的晚歸會再三盤問。出差外出，要打聽他和誰一起去，不僅把丈夫的工作查個清清楚楚，甚至與女同事多說幾句話也醋意橫生，不給丈夫半點自由，恨不得整天把他拴在身上。隨時打電話到他的公室查勤，是妳經常做的事，害得可憐的丈夫整日惴惴不安，心煩意亂，這樣的婚姻，不出現危機才怪。

(7)不尊重他的家人與朋友

對丈夫的家人或朋友很冷漠，動不動就拆他的台，使他經常在眾人面前丟面子，可不是聰明女性的作風，妳卻經常因為他的家人而挑起種種事端。這種做法會孤立丈夫與朋友家人的關係，這或許正是妳的目的，但同時，夫妻關係也正加速惡化。

(8)盲目比較

即使男人外表堅強，內心也需要妻子的了解與肯定，用正確的眼光看待丈夫才是明智的做法。

(9)不修邊幅

舉止優雅、衣著得體的女性在任何場合都有魅力。妳以為在自己家中，除了丈夫沒人看到自己，所以總是不注重修飾。許多女性出門衣著光鮮，回家卻蓬頭垢面，而在丈夫的眼中妻子已魅力全無，即使他不是很介意，但也不免嚮往外界的美麗女子。

請不要執著於男人的隱私

男人除了與女人共有的情愛之類的隱私，還可能有某些疾病和痛苦的隱私，而男人的隱私卻反映在對事業的焦慮、隱瞞自己的依賴情緒、對異性存有渴望的不安，和對自身生存本領貧弱恐懼上。

男人的隱私埋得很深，男人在家庭中是父親、丈夫、兒子，是一塊豎立的碑，他極力不在家人面前暴露弱點、丟失形象，否則這塊碑必將坍塌。男人的隱私比女人更沉重，男子氣概越強，內心情感脆弱的一面就反應得越強烈。這種矛盾使男人的情緒外強內弱，每當他閉門獨處時，心裡便惶恐。

某些隱私是一種甘甜，一次青春的走私，只能獨自咀嚼；某些隱私可能是曾經的過錯，而把這種錯永恆留守在心底，也是一種美麗。

有時能聽到男人嘆息「活著太累」，其實這個「累」常常是受「隱私」所累。有的女人勸男人「說出來就好受一些」，可願不願說出來是男人自己的事，毫無保留的裸露反而有所遺憾，甚至厭倦。

不過，少一點私心雜念，男人就能活得更加自然灑脫，無「私」也就不必要「隱」，也就不會覺得累了。不管怎麼說，妻子要尊重丈夫的隱私，更有責任使其放下沉重的隱私。

職場女性需要這樣的男人

生活中有這樣一群女性，她們一邊做職業女性，一邊做母親與妻子。不僅事業出人頭地、家庭和氣、兒女成績良好，夫婦之間也相敬如賓，這也歸功於有一個大度、能支持自己事業的丈夫。好的丈夫一定不能是個大男人主義者，他要對自己有充分的自信心，才不會被妻子的成就影響，以下是美國職業女性一致公認的擇偶條件：

他充滿自信，絕不會因為妻子賺錢比他多而覺得沒有威信，反而覺得驕傲。

妻子每次升遷加薪，他都認為自己很幸運，有眼光挑選到一個精明能幹的太太。

他不會介意他在家時妻子卻不在，若妻子要加班，他不但沒有怨言，還會自己煮飯，為妻子留一份。

他的生活習慣有規律，不用妻子要求便會自動分擔家事，不會因為妻子忘記替他買洗髮精而碎念，會自己去買。

他不善妒，明白妻子工作需要和其他男人來往，晚上因公事和男人吃飯，亦不會一直逼問。

他了解妻子的工作需要，出外公差不會要求同行，妻子出門後，又會把家裡整理的井井有條。

他同情與了解妻子為男女平等而努力工作。

他明白如果他有應酬，妻子不一定有時間和精神陪他扮演女主人的角色。

他不會為妻子的成功而不安。

嫁了就毀了的七種男人

婚姻的美滿與否，事關一個人一輩子是否幸福。因此，對女人而言，最重要的是在婚前擦亮眼睛，選擇正確的男人。因此在嫁為人妻之前，面對以下七種男人要深思熟慮：

(1) 招蜂引蝶型

招蜂引蝶型的男人不否認其確實魅力十足，很有情調，也很討女人歡心；但也正因為此，他身邊從來不缺少女人，而且他頗以此為榮，從不避諱。這種男人即使大獻殷勤，也不要被沖昏頭，因為他討好你，並不是真正在意你，而是喜歡這種在女人間周旋的遊戲。嫁給這種人，除非妳有足夠的胸襟容忍他，以及風言風語帶給你的難堪，否則就是自食苦果。

(2) 大男人主義型

這種男人從骨子裡對女人有深刻的性別歧視，沒有基本的人格尊重。妻子為他做的一切，他都認為是理所當然，在家裡只知道發號施令、頤指氣使，別指望他能分擔什麼家事；最可怕的是，這種人往往崇尚暴力。

(3) 過分潔癖型

過分潔癖型的男人固執己見，對一些小事過分在意，除非妳比他還愛潔癖，否則一定難以忍受。

(4) 疑心重重型

他總在懷疑妳對他的感情，甚至禁止妳與其他異性交往。這種男人沒有自信，和他生活不但會神經緊張，而且就算再怎麼小心，也避免不了爭吵，還不如趁早分手，因為即使妳潔身自好到畫地為牢的地步，仍然逃不出他的懷疑。

(5) 意志薄弱型

這種人對家庭沒有責任感，沒有主見，永遠是一個長不大的孩子。和他結婚，還得額外負擔起教育的職責，以免他走上歪路，與其說找了個丈夫，還不如說找了個兒子。

(6)個人主義型

這種男人眼裡只看得見自己，有好吃的自己吃，有好喝的自己喝，妳在廚房裡做飯，他卻不等妳獨自開吃了。這種男人缺乏愛別人的能力，不會為他人考慮，也沒有對家庭的責任感，嫁給這樣的男人，真的只能倒楣一輩子。

(7)金錢至上型

在這種男人的眼裡，金錢無所不能，可以買來愛情，也可以補償青春。對喜歡的女人，他們揮金如土，以金錢示愛；厭倦的時候，便一腳踢開，可能頂多遞上一疊鈔票作為補償，這樣他們心裡便不會慚愧。

完美的婚姻，需要完美的性愛

婚姻是否美滿幸福，和諧的性生活是其中關鍵；但人們很容易懶惰，如果生活舒適，就容易把夫妻間的性愛視為例行公事。

在婚姻生活中，性愛活動是否能延續，有一半取決於妻子能否維持丈夫對性生活的興趣；而如果婚姻能保持活力，性愛生活通常就能延續，那怎樣才能使婚姻充滿活力？妻子必須征服厭煩單調，因為厭煩單調是婚姻的大敵，故必須有所發展，培養對事物感興趣的能力。回家後妳可以跟丈夫討論，哪個笨蛋怎樣耽誤了電話、會計如何魯莽……這種消息也許會使兩人討論一兩個小時，必須堅持講述每一個生活細節。

男人會厭倦一成不變、死氣沉沉的女人，而對會改變裝扮、能博取自己歡心的女人樂於奉獻愛。一位成功的女人，應該花錢買漂亮衣服，雖然男人墜入情網時不會注意妳的穿戴，但婚後卻會非常注意。仔細分析一下自己，是一位富於性感、充滿活力的妻子，還是一位懶懶散散的女人？是否牢騷滿腹毫無幽默？一位牢騷滿腹的妻子，只能使性愛遭受扼殺。

如果你們沒有性愛焦慮，每一次做愛都能高潮，你們也會非常迷戀性愛。

讓男人「性」趣滿滿

緊促的生活和工作壓力常使男人性慾低下，如何讓丈夫在忙碌之餘還能性慾旺盛呢？

(1) 親密過後，讓他睡眠

美國生理學家曾經做過大量調查，發現睡眠充足的男性的勃起時間，比睡眠長期不足的男性時間更長。

(2) 多多讓丈夫步行

大部分男性不是開車、騎車上班，就是坐大眾交通運輸工具，養成了懶於步行的習慣。而據醫學研究，勤於步行的男人，其勃起障礙的發病率，只有慣於久坐男人的一半。因此妻子不妨鼓勵他多多步行，若實在沒時間，爬樓梯也是不錯的選擇。

(3) 告訴他多打呵欠

人們普遍認為，在疲憊和缺氧時，人會不由自主打呵欠以舒解疲乏；而性學專家認為，妻子不妨鼓勵丈夫多打呵欠，有助於他擁有良好而堅挺的勃起。

(4) 密切關注他的血糖高低

義大利的一項科學研究表明：患有糖尿病的男人，其勃起障礙的發病率，比血糖正常的男人高出70%。因此妻子要密切注意丈夫的血糖高低，尤其當他出現不明原因的消瘦和潰瘍持久不癒時，要督促他盡快去醫院檢查。當然，每年驗一次血糖非常重要。

(5) 幫他減壓

例如鼓勵丈夫運動、進行娛樂活動、洗熱水澡等等，待身心真正放鬆後再投入性生活，情況就會好很多。

(6) 多為他準備低脂食物

繁忙的工作使許多男性常選擇速食，而速食就是高脂肪、高熱量。因此，妻子不妨多準備低脂食品，比如魚、肉、蝦、筍、綠葉蔬菜、蘿蔔、低脂或脫脂牛奶、各種水果等。

男人篇

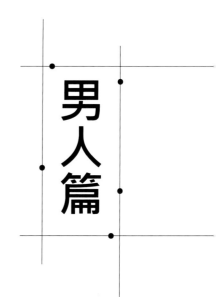

男人篇

第十章 女人男人

第一章 男人弱點

許多男人富於冒險，好征服，總是想一個人包辦所有事的男性衝動本質，是推動人類文明前進的動力之一。但是，有些男人會漠視自己的情感需求，不負責任，把自己和他人的生活弄得一團糟。這種男人總以為自己的愛能夠改變或拯救女人，所以與不合適的對象糾纏不清，卻使自己的生活和感情深陷泥潭。

有些男人愛面子，不願意承認對纏綿和親暱的「需求」，只能將一切隱藏於變本加厲的工作、酗酒、情慾和沒有意義的玩樂中。不能坦然自豪地承擔一位丈夫、一位父親對社會和家庭的重要性，卻被金錢權勢迷住了本性，這些就是他們致命的弱點。

男人也撒嬌

男人的「撒嬌」聽起來似乎很新鮮，可這確實是常常在生活中上演的劇目，只不過大多只在「後台」上演而已。

生活是個大舞台，在前台，男人扮演著各自的社會角色；在後台，恐怕是一般觀眾難以窺見的另一齣表演。人們大多習慣於以前台的形象定位男人，而忽略了男人最原始的後台形象。

曾有調查指出，在不同國家、不同種族、不同教育背景、不同年齡、不同收入水準的一千四百個家庭中，均出現一種有趣的現象：男人在家裡撒嬌的頻率甚至超過妻子。

這是為什麼？其實並不費解。

撒嬌是因為脆弱，誰都有脆弱的一面，誰都需要被撫慰。那麼，誰是最能滿足自己撫慰需求的人呢？當然是母親。人們的潛意識中有一個情結：母親是無條件呵護、撫慰我們的人，是人們撒嬌的對象。但母親畢竟不能陪伴兒女終生，於是人們在潛意識中，就將與母親形象相仿、能撫慰自己的心靈的人當成母親。

這個人可以是不分性別的任何人，而且能經常變化。比如，姐姐可能成為妹妹心理上的母親；同理，妻子也可能成為丈夫心理上的母親。在性別角色的分工中，女性本身就有母性特徵，這也是男人私下更容易在女人面前撒嬌的原因之一。

另一個原因便是社會角色不同。傳統上，男人扮演著強悍的社會形象，同時也承受著更多心理壓力。許多男人從小就接受著這樣的教育：你是男子漢，男子漢就應該剛強。男人也常被當成家庭重心，要用結實的臂膀為家人遮風避雨。但男人並非鋼澆鐵鑄，他們本性上和女人一樣，都有脆弱的一面，都有心靈的傷痛需要被撫慰，而若男人要在社會角色中扮演強者，就少了更多可以宣洩的機會。於是當男人回到家中，便會把脆弱暴露給自己的「心理母親」，以獲得心靈撫慰。

男人嫉妒心的陪襯物，可能是鮮血

嫉妒心並非只有女人擁有，而與女人相比，男人的嫉妒心常常有過之而無不及。許多男人都曾被嫉妒嚙咬過靈魂，在《伊里亞德》中阿伽門農說：「嫉妒的毒一旦深入心靈，便使患病者病入膏肓。」倘使女人嫉妒的陪襯物是眼淚，那男人的嫉妒的陪襯物極可能是鮮血。

亞里斯多德曾對嫉妒有過很直白的說明——我們嫉妒那些在時間、空間、年齡或聲望方面接近自己的人，嫉妒競爭的對手；但我們不會嫉妒那些一百年前的人、那些未出生的人或死人，因為他們在我們看來遠低於或遠高於我們，我們只嫉妒那些與自己有相同奮鬥目標的人。

二十世紀的美國，有兩名殺人不眨眼的強盜，他們神通廣大，令警方十分難堪。直到後來，一個足智多謀、對男人心理頗有獨到研究的老警員獻計，利用新聞媒體大肆渲染其中一名強盜如何身手不凡，彷彿超人，又引起了多少女性的關注甚至崇拜，卻很少提及另一名強盜，只附帶一句話，用的也是譏誚之詞。於是，另一名強盜出於嫉妒，殺死了同夥，而形單影隻的這個強盜很快被逮捕歸案。

女人在沒有參與社會工作、尚未成為社會人士以前的漫長世紀，她們的嫉妒通常表現在情感方面；男人們卻早就開始為權力、為榮譽，甚至僅僅為了逞凶鬥狠而互相殘殺。女人不常由於嫉妒男人的權力和榮譽而殺人，男人卻會。到了現代社會，女人開始進軍原先只屬於男人的事業，她們的成功一點也不比男人遜色。有些男人在女人尚未成功的時候，會虛偽地鼓舞、慫恿她們；而女人成功之後，便轉而成為男人嫉妒的對象，除非女人的成功也標誌著男人自己的成功，那些男人才會心安理得地分享她們的喜悅、驕傲和榮譽。

「前男友」是最大的敵人

為什麼有些男人總在乎戀人的過去？究其原因，其一是強烈的個人占有欲，他不但想占有對方的現在和未來，還想占有她的過去；其二是「處女情結」。

日本作家高見順的小說《生命樹》裡有這樣一段情節：某酒吧的女招待交了一個男友，而男友想方設法打聽出她過去曾有一個情人，並被其割破臉。而當女子夜裡夢見與舊情人同床共枕，男友便粗魯地搖醒她，質問道：「你一直都在想著他，他身上一定有什麼特殊的東西吸引你！」女子傷心他說：「他割破了我一塊臉皮，你卻比他更殘忍！」

有些男人在與戀愛對象發展到一定程度後，會對女人的過去興致勃勃，不問個水落石出絕不死心；而在探聽對方過去的時候，是輕描淡寫地探問，還是窮追不捨，這就要看男方性格了。個性陰險、心胸狹窄的男人，就會不停碎念，當女方「自白」了一件事，他就立刻追問第二件，作出第二件「自白」後，就強迫她作出第三件「自白」，步步緊逼。

現在許多匿名論壇，常常收到女性這種提問：「自己失足的過去，是不是該向對方坦白？」坦率地說，坦白很可能惹出更多麻煩。當然，最理想的方法應該是婚前彼此坦白，彼此諒解後再論及婚嫁；雖然如此，但殘酷的事實卻往往粉碎了許多人的美夢！婚前聽到女方的坦白，而情感動搖的男人並不少見。在哈代的小說《德伯家的苔絲》中，當男主角於新婚之夜聽到苔絲「失身」的經過時，當夜就離家出走；雖然後來良心發現，又回到苔絲身旁，但苔絲的命運已經發生巨大的變化，結局注定是悲劇收場。

你的「休閒」其實是「無聊」

如果有機會能細細梳理自己的過往經歷，有些男人可能會像哥倫布發現新大陸一般驚詫：自己的一生，竟有大部分時間是在無聊中度過！這是一件看起來非常可怕的事情。

有些男人一生的黃金時光可能交給了牌局和酒桌，我們姑且稱之為簡單的無聊。月上柳梢頭，人約黃昏後，幾個趣味相投的牌友或酒友早早湊成一桌，牌一圈接一圈地玩下去，酒一瓶接一瓶的喝乾，生命也在一點一點隨著裊裊煙霧消失；而當人們最終知道必須放下手中的的牌和酒杯時，可能為時已晚。

但有時，人需要這種無聊，因為淺薄庸俗，因為要逃避世間的孤獨和煩惱，只能製造這種無聊，並不斷地適應，直到淡化了做人的價值。

還有一種貴族式的無聊，這種無聊必須以金錢和財富當陪嫁。於是，一些有錢的男人便在五光十色的夜店狂歡，在燈光昏暗的包廂裡繾綣，等這些遊戲都膩了，便去花天酒地，或者整天泡在高爾夫球場和溫泉裡，興致好的時候再去洗桑拿和牛奶浴。這種無聊看起來挺高貴，但這畢竟是種無聊，只不過被文人無聊地取了好聽的名字：休閒。其實這種男人心裡明白，如果他們真的有事情做，如果他們還會尋找阿基米德式的支點，他們就不會有時間「休閒」了。

無聊或許是生活一種需要，但它絕對是生命中的一種痛苦。

男人在適可而止的前提下無聊而不滿足，無可厚非，因為生命中至少有三分之一的時間極可能是為無聊所準備；最可怕的是終其一生在無聊中度過。

沉湎色相是一種無聊。有的男人傾其一生，用盡聰明才智討女人歡心，他們不是將紅粉鬢影相隨當做生活樂趣，就是將爭風吃醋作為成功標誌，直到他們玩夠了女人，也被女人玩夠了，直到無聊使他們做鬼也風流，成為人們茶餘飯後的談資。

狂熱地追逐金錢是一種無聊。這種男人的貪慾有目共睹，他們拒絕友情，也拒絕親情，拒絕善良的同時，也拒絕人世間一切美好的東西，只是心甘情願地做金錢的奴隸，直到金幣隨著最後一絲火花熄滅，直到變成一具不堪重負的行屍走肉。

終日玩弄權術是一種無聊。總是戴著面具、表面上看起來像紳士的男人，他們的無聊是以身心憔悴為代價，為了所謂權力，他們明爭暗鬥、陽奉陰違，甚至鋌而走險、狐假虎威。然而，權力沒有頂峰，若不能獲得更大的滿足和快樂，便只有更瘋狂的掙扎和掠奪，直到他們變成一具會說話、被權力遙控的機器。

試想，你是不是也跨進了這些無聊的誤區？

開黃腔也有很多種？

幾個青年聚在一起，特別是幾個熟人一起閒聊時，往往會開黃腔，但這不能簡單地視為低級下流，而是男性常見的性心理反映。其原因主要有三：打發無聊，藉這一類無聊的話，鬆弛日常生活的緊張；使閒聊氣氛和諧融洽；當附近有女性時，可能有人會故意語帶猥褻，目的是想借此一睹女性聽到這一類話的反應。

不同年齡、不同閱歷的人，開黃腔也有著不同心理。年齡較大、經驗豐富的人開黃腔，多是在誇耀自己見多識廣，本該隱瞞的卻津津樂道，這種心理許多女性會大惑不解；年齡較小、經驗少的人開黃腔，多半是發自一種奇異的虛榮心，不願被人認為是經驗缺乏，或不懂世故，因而自作聰明，大談特談。此外，有的人處在性饑渴的緊張狀態，他們開黃腔頗有放鬆緊張、宣洩性慾的作用。

男人通常很「多心」

兩組男女從相反方向走過來，擦身而過時，你會看向男方還是女方？女性的一瞥多半是向同性投去，男性則是向異性投射。女性的一瞥，是下意識的競爭、比較心理；男性的一瞥，是無意間的「多視性」。

有時也會出現這種情況：男子剛與女友親熱道別，但見到另一位漂亮女性時，又會由衷讚歎。

男性的這種心理現象，就像從這朵花飛到那朵花的蝴蝶，縱使愛著一朵，仍不免將眼光投向另一朵，而女性對此也不必太介意，因為男性不管對什麼事都很「多心」。

男人其實常常有罪惡感

許多男人一生都會伴隨著罪惡感，當弟妹妹在外面被欺負，自己無法為他們出氣時；當親人生病，而自己手足無措時；當客人因為自己的冒失行為感到不悅時；當第一次受情慾驅使親吻女友，或接受女友的親吻時；當第一次受性慾驅使，與女友做愛時。

恰如羅素所說：「……比起女人，男人的性生活受到罪惡感更嚴重的扭曲和毒害。」有些男人生怕因為自己的行為使女友墮落，更怕自己喜新厭舊，拋棄女友而成為罪人；若曾經在感情中說謊，就會覺得自己是一個騙子——這是年輕男子最普遍存在的罪惡感。

當結婚後男人發現，自己不能使心愛的妻子獲得幸福時；當孩子逃學、打架或偷東西時；當自己沒有能力報答長輩的養育之恩時，總感覺是自己的過錯，或感到自己應負一定責任……這是成年男子典型的罪惡感。

進入晚年後有些男人發覺，自己的子孫不如別人的有出息；自己沒有為後代留下更多的財富時，便會有一種悲壯的罪惡感折磨自己。

日本心理學家國分康孝夫婦在《男人之謎》一書中，將男人的罪惡感歸於男人的「自律原則」，講述有些男人因為自主意識強、勇於承擔責任，無論做什麼事，都要依靠自己的判斷；一旦出了差錯，必定深深負疚或自責。

如果男人吃醋了他會……

有些女人吃醋時，如山洪爆發，直洩千里；而大部分男人吃醋時則會遮遮掩掩，裝出一副若無其事的樣子。可見，「醋」在男人身上有很大的隱蔽性。

男子氣概自古深受世人推崇，故愛吃醋、器量狹小的男人總會被人瞧不起。所以當一個男人「醋」浪滔天無法控制、但又要顧全男子漢的風度時，便不得不以另外的方式表達。也就是說，先讓這股醋悶在心裡，再藉機發洩。

假如一位丈夫對妻子說：「聽說妳昨晚陪張三看電影？很好啊！不過……那種電影我實在看不下去，那後來他有沒有送妳回家？」問得不動聲色，然後又說道：「他對電影很有興趣，妳可以多跟他聊聊，一定獲益匪淺。」

這時妻子就應該明白，丈夫說這話時的內心分明非常矛盾，千萬不要點頭附和。妻子要注意的是，讓他耐著性子說話，絕對不可以讓他著急；如果應對得當，丈夫可能根本不會提張三，可能間接問一句「電影院很擠嗎？」

過一段時間，如果妻子偶爾提起張三，丈夫可能會明知故問：「誰？喔，是不是那天陪妳看電影的那個人?」

如此「此地無銀三百兩」,不就是男人對妻子陪張三看電影耿耿於懷的最好證明嗎?

你不是她的「救命騎士」

一個男人若無力拒絕女人的柔情,將毀了自己的生活。常見的情況是,當對方要求你「給她一份生活」,而你不顧一切地滿足她。也許她要你成為她生活的一部分,或為她創造一份生活,並為此負責,這樣她就不用費力改變自己;當然,如果她對你「沒感覺」更好,你就成了被指責的對象,又出於同情心和責任感,維持著一段糟糕的兩性關係。

雄性動物的本能,驅使男人為了滿足性而追求女人;但紳士風度的那一面,又迫使男人承認,這一切決定於女性是否接受。

你只需要了解並相信:對於女人來說,男人除了扮演救命騎士外還有更重要的意義。想當救世主不是壞事,但成為一名愚蠢的救世主絕對不是好事,而這個在所有人看來是個顯而易見的黑洞,你卻深陷其中難以自拔。

充當救世主會使男人相信對方的甜美、善良與軟弱。因此,當你遇見一名有著難以置信麻煩的女人時,你假設那些『壞事』都是她自身以外的東西:惡劣的環境、卑劣的人群、不堪的經歷和倒楣的厄運,而你現在要將她從這些壞人、壞事、壞東西當中解救出來。

那你就大錯特錯!

有些男人很有責任感，寧可犧牲也不索取——畢竟，一個「真正的男人」能夠「承受它」，「一無所求」地供養別人，只是些冠冕堂皇的說辭。

幻想發生在她身上的所有事都是天意，不是她自己的想法和行為所造成，為對方「過去的經歷」負責的想法是不恰當的，這會使你陷入充當救世主的泥沼。

男人和女人一樣充滿了對浪漫愛情的幻想——就像唱片的另一面。許多女人想當公主，而男人總為成為英雄的念頭摩拳擦掌。長久的幸福只存在於成熟、健康的男人和女人之間，而不是英雄和公主之間，因為他們必然讓對方失望。

你其實可以不用那麼獨立

其實太過獨立的男人，沒有勇氣和能力認識自己的內心世界，無法適當表達以尋求他人幫助。當這些東西使男人與自己的家庭、朋友隔開，行為便變得不正常，甚至違法，這就屬於「太過獨立」的行為。

最常見，也最典型的例子，就是丈夫不願意承認自己對妻子的依賴性，但這種否認並不會改變事實。

經歷了打情罵俏和肉體上的征服，讓女性接納你，這是男人渴求的感覺，所有男人也從中受益，但這些也是許多男人不願承認的；不幸的是，這種否認已經被心理學家稱為「性的依附體」。在流行的心理學理論中，所有行為均被認為不可控制，而這些都與性格上的缺陷無關。

長久以來一直存在這樣一種現象：許多男人在婚後不怎麼「戀家」。如果男人想贏得女性的注意和陪伴，通常就會陷入義務和忠誠的泥沼。女性對於男人來講，就意味著「家」，而家就要有持續的關愛。對於大部分女人，時刻關注感情變化是稀鬆平常的事；而對於大部分男人，往往是被動接受，這也是許多男人不注重生活細節、不那麼多愁善感的原因。這也是為什麼男人被拋棄、遭背叛之後，會有超乎尋常的反應（有些會採取暴力手段，自殘、自殺、吸毒、酗酒和性放縱）——因為這種男人根本不注意生活細節，直到被拋棄了，才被巨大的痛苦擊潰。

詢問、討論和與人分享看法，浪漫和關愛並不是女人所獨有，這對於與女人保持良好持久的關係至關重要，而身體上的占有，並不代表你真正擁有她。

一個有家的男人，他的魅力更多展現在如何去做個男人，而不是簡單發揮作為雄性的男人。

你還活在「大男人主義」裡嗎？

有人這樣描述男人：他會用所有醒著的時間追求女人，等追到手結婚後，便又開始移情別戀。

是什麼原因讓夫妻關係積滿塵埃？經分析後，得能出以下幾條原因：

(1)這種男人不明白或是不相信，能夠從婚姻中能夠得到滿意的收穫。他們以為「男人的正事」（典型的類似於工作、體育——不是玩笑就是大喝啤酒爆笑，金錢、性愛以及權力遊戲）就足以維持生活，足以讓自己快樂；事實上，這樣的想法類似於毒品對家庭的危害。

(2)這種男人將婚姻看成是一種「點綴生活」的「權利」，這種行為的後果，是自己並不能真正成為婚姻或是家庭的一分子，頂多只是一名訪客。

(3)實際上，這種男人將婚姻當作是征服活動一個自然而然的結果：男人選擇了她，追求了她，與她訂婚，然後結婚……這都做了……而後來，男人繼續自己的生活，卻希望妻子肩負起照顧自己、自己親戚的任務。因此，將女人看成是「戰利品」而不是寶貴的「資源」，對一個人的內心、靈魂和生命來說都是巨大的損失。

(4)把自己定位於一種「年長的青春期」，伴侶還需要充當「可以提供性的母親」照顧自己，而自己也不必背負亂倫的罪名。

(5)將浪漫、感情和關懷看作是臣服女性的丟臉事情，認為一個真正的男人不需要孤立自己。

(6)這種男人認為，如果想被人視為是成熟負責的男人，婚姻就是「必要之惡」。當年紀到了，這樣的男人很有可能會為了讓自己「看起來正常」而結婚，對感情卻並不投入，隱藏自己內心脆弱的同時，往往還會拒絕另一半對感情和關注的要求。

(7) 這種男人認為，結婚後就喪失了自由，自己就不能隨心所欲了。

(8) 這種男人將工作凌駕於生活中的每一件事情上，這種想法是出於懦弱、恐懼、傲慢和追求權力的心理。

(9) 在有些男人看來，婚姻的感情關係似乎是「女人的事」，他們勉強接受婚姻，為的是換取隨時可以得到安全感和無罪的性愛。

如果這個清單上任何一個原型聽起來與自己相符，那麼你就仍沒有甩開大男人主義的包袱，將無法體會許多愉快的經歷。越來越清楚的事實是：婚姻和家庭絕對不是拖累男人的罪魁禍首，男人自己的態度和行為才是那個最沉重的包袱。

第二章 男人毛病

男人的毛病和優點一樣引人注目。

野性：男人的本質包含了洶湧的野性，一不小心就會原形畢露。所以許多男人愛刀，儘管現在已經很少有動刀的機會，許多男人仍為自己的暴力傾向編造了美麗的藉口。

移情：一般情況下，男人之所以會移情別戀，是由於喪失了親自參與某項活動的機會或能力，因此轉而關注與其相關的內容。這與因傷退出競技體育的運動員，改當教練、解說員很相似。運動酒吧的應運而生，或許正說明了眾多男人都是體育愛好者。

好鬥：生活在和平背景、沒有經過戰爭洗禮的男人，身心相較虛弱。從另一個角度來看，好戰也是男人不太光彩的本性之一，即使沒打過仗也想威風一下，這種心態就帶有幾分虛榮。

瘋狂：有些男人似乎不打算控制自己，他們迫不及待地跳進賽車、加速狂奔。男人最大的毛病，就是以男人自居。

愛干涉女友的裝扮的男人

男友關心、干涉女友的裝扮，有以下兩種情況：

情況一：女友的裝扮不太得體。

女人的打扮得體與否，會為男人帶來不同影響。若男人看到別人以欣賞的眼光看自己的女伴，通常都會覺得是很有光彩。事實上，大部分男人都會介意：別人會用什麼眼光來看我女友？

假如某人的女友穿著怪異，熟人看了傻眼，同時也會影響對男友的評價——為什麼他會和那樣的女人在一起、甚至還敢與她逛街？男方的評價降低，也會為男方的事業帶來直接或間接的不利影響。

情況二：男友對女友沒有自信心。

一般情況下，因為雙方的感情不深，男友才會對女友的裝扮表示不滿，並加以干涉。如果一個男人對感情沒有安全感，他就會隨時感覺女友會被他人橫刀奪走，或認為女友最終會棄自己而去，故不希望她打扮得光彩照人，以免引起其他男子的注目和愛慕。

另外，還有一些男人會認為：女人的裝扮是為了要取得男人的歡心，所以女人越喜歡打扮，他就越懷疑這個女子是否「水性楊花」。這種男人多半是嘗過失戀的滋味，因為曾被女人甩掉，所以在往後與女人的交往中，往往會不安和懷疑，以致於事事要干涉；即使結了婚，他仍會疑神疑鬼，像條獵犬一樣整天探詢她的蹤跡，以防她外遇，而在這種心理下，就更會對妻子的穿著打扮橫加干涉了。

有攻擊性行為的男人

胡越有一部長篇小說《人的一半是野獸》，這題目並非聳人聽聞，因為人類一旦失去理智，甚至會比動物還殘忍。佛洛伊德將人分為「本我」、「自我」、「超我」，其中「本我」正是「動物的我」，是指人的生物本能，如人像動物一樣也有吃、喝、求暖避寒等本能。

奧地利生物學家康拉德．勞倫茲在《論攻擊性》一書中，將人的攻擊性作為「人類無意識的本能」，並且指出：「攻擊具有自身的釋放機制，與性慾和其他人類本能一樣，會引起特殊、極其強烈的快感。」

男人攻擊性的釋放形式有多種：

反向釋放——自殺、暴行；

群體釋放——戰爭；

而性慾本能的釋放，則是性攻擊。

看來，男人的「性攻擊行為」無法完全消除（因屬動物本能），那就只好透過文化修養或社會調節，向「無害的攻擊性」轉化。當然，要想「無害的轉化」，還要靠每一個男人各自努力才能實現。

愛喝酒的男人

許多男人都喜歡飲酒，其中也不乏有千杯不倒的豪士。在酒吧裡，在大街上，我們經常可以見到喝得爛醉如泥的男人。酗酒現象已經引起了許多國家的關注，例如戈巴契夫在蘇聯執掌大權後，立刻限制釀酒業，並懲治「酒鬼」。

為什麼許多男人喜歡飲酒呢？

其一，這和男人的生理結構有一定的關係。酒精對男人的神經有特別的刺激，使男人在飲酒時能得到特殊的快感。許多男人喜歡喝烈酒，就是為了尋找刺激。

其二，這也與男人對酒的認識有關。許多男人將飲酒與男子漢的特徵連繫在一起。能飲酒，且千杯不醉，往往會受到同伴的肯定；而如果一個男人不能飲酒，就容易被別人瞧不起，因而飲酒便成了男人證實自己有男子氣概的一個標誌。

其三，這也與社會文化有關。自古以來，男人總是與酒連繫在一起。豪飲的男人能被社會肯定，許多歷史留名的人物，大半都貪杯中物，正如李白所說「古來聖賢皆寂寞，唯有飲者留其名」，男人在這種社會薰陶下，自然而然也會對酒產生濃厚興趣。

醉酒時，男人會忘掉一切煩惱，真正達到忘我的境地。許多原本不會飲酒的男人與同伴飲酒後，往往變得貪杯，這也和酒的刺激作用有一定的關係。

飲酒並不是罪過，適當飲酒能促進血液循環，防止一些疾病產生；但如果嗜酒過量，就會引起許多不良後果。酒後駕車而引起交通事故時有所聞，酒後鬥毆致死的案例也屢見不鮮。酒本身並無好壞之分，關鍵在於飲酒者是否能把握自己的酒量。

愛打賭的男人

許多神情沮喪的男人會從賽馬場出來；電視出現激烈摔跤的場面，馬上說「我們賭一把」的也多半是男性，而且賭的金額越大越興奮，不賭便索然無味，甚至連別人的戀愛也能打賭，其原因無非是沉迷於打賭的魅力：一是出奇性；二是不勞而獲的投機性。

有些男人是存有僥倖心理的樂天派，例如，樂透中獎的機率與發生車禍的機率相差無幾，可他們常常夢想突然發財，卻不會整天擔憂車禍。

許多男人愛打賭的原因遠不止這些，有的是想試驗一下自己的預測能力，許多男人對每件事都躍躍欲試；還有的人則是為了給枯燥無味的生活增加競爭意識，因為男人比女人更容易產生厭倦心理。

「我希望能發生一些有趣的事……」

這是那些常年關在辦公室的人說出來的話，而促使人們打賭的直接原因，不正是這樣一種無法排除的乏味感嗎？

因此，凡是熱愛工作、內心充實，生活情趣豐富的男人不會喜歡打賭，即便偶然一次，也只是玩玩消遣；而那些掏遍口袋，渾渾噩噩沉湎於打賭中難於自拔的，心理一定有異常。如果哪個女人嫁給這樣一位丈夫，整日處在呆板的工作中，總是無精打采，卻又時常想走捷徑，那麼她的後半生恐怕很難獲得幸福。

愛打架的男人

男性比女性更愛打架，即更富攻擊性，這也許是男女最明顯的心理差異之一。從發生學上看，這一差異出現於兒童開始和他人玩耍時，並在整個學齡期發展。

那麼，男人愛打架的原因是什麼？

首先，這是天生本能。男人與女人相比，不僅體格高大、肌肉發達，而且男女兩性激素的分泌也有所不同。

譬如，男性和女性對刺激的反應不一樣。同樣一件事情，即使一個男人憤慨不已（往往誘發他產生攻擊性行為），卻可能不會引起一個女人勃然大怒，而只是使她焦慮不安。

第二，孩子往往模仿同性成年人，而不是異性成年人。

在日常生活中，特別是在電視和電影中，他們所見的富於攻擊性、愛打鬥的男人往往多於女人，因此男孩總是模仿那些爭強鬥狠的男人。

第三，在傳統社會中，攻擊性被認為是男性角色的重要特徵，而消極被動被當成女性角色的主要特徵。

愛裝內行的男人

許多男人都有一種傾向：對某件事本來只知道一，可他裝得好像知道十；更嚴重的是，可能還會「不懂裝懂」。

這種男人為什麼喜歡「不懂裝懂」，裝內行呢？據分析，其主要原因如下：

其一，男人都有獲得滿足「優越感」的需求。現在社會中，男人有沒有「優越感」，是有無自信心的表現。而一個男人只有超出別的男人，才能有優越感；但在現實中，男人平均水準相差不多，並沒有什麼地方優於別人，只好對一些問題不懂裝懂，從聽眾信以為真的反應中滿足「優越感」。

其二，不懂裝懂，可以使別人相信自己內行，贏得別人的尊重。如果女人對許多問題表現出無知，別人可能會認為她天真可愛；而男人如果對眾多問題表現出無知，一般情況下，常常被眾人視為愚蠢。這樣的男人當然得不到別人的敬重，因此，為了提高自己在別人心目中的地位，並非「萬事通」的男人就只好不懂裝懂。

許多男人在自己喜歡的女性面前，想要表現出自己閱歷豐富，學識淵博。從問題的另一面看，這也許是一個好現象，表明他想獲得女性的好感，女性也可以得出一個積極的結論：「他喜歡我」。

迷戀球賽的男人

許多男人迷戀各種球類比賽，有的達到瘋狂的程度。以足球為例，球迷酷愛自己的球隊，崇拜球場上的明星，陶醉於精彩的射門中，如痴如狂！男人之所以迷戀於球賽，主要原因有三。

第一，各類球賽一般都具有遊戲的形式，講究戰術和技巧，趣味濃厚。現代社會給人帶來緊張和孤獨，為了排遣心中的孤獨感，回到生活中，到體育場裡，或在電視機前看場球賽再好不過。無人相識、無人問津，盡情欣賞球藝，使自己遁入無我之境。

第二，球賽必有輸贏，因而具有刺激性。球類比賽之輸贏本來沒有多大的意義，可一與政治掛鉤，情況就變了，球隊也成了國家、民族或地區的象徵。一旦贏球，舉國狂歡；如若不幸輸球，則沮喪之極，甚至鬧事。另外，在生活的道路上碰壁者甚多，而這些失意者的憤懣之情，只有靠球場上的英雄來發洩，也就難怪他們熱衷球賽了。

第三，許多比賽都發行樂透抽獎，具有商業性，致使很多投機者開始關心球賽。

愛面子的男人

現實生活中，死要面子的男人隨處可見，他們往往因為一些無聊的事，因怕丟臉而大動干戈。

在夏日漱石的名作《少爺》中，描寫了一段兩人爭吵的情景：

「那一次茶水錢還你。」

「不不，我請客，怎麼能要你掏錢。」為了那幾個小錢，兩人推來推去、各不相讓，無奈只得把錢放在兩人辦公桌相連的地方，直到那硬幣上落滿了灰塵，還是無人動一下。

這種情景，就連西方男子也看不慣，一名美國學者看後，寫下這樣的感想：

「這種心理真是讓人無法理解，在美國，此種現象只會發生在精神病院裡。」

那麼，為什麼男人會固執地死要面子呢？

其一，一般來說，男人比女人更注意理性、信念之類的東西，往往拘泥不化，卻又常常捨本逐末，在一些瑣事上糾纏，自以為是，到頭來只能作繭自縛，陷入困境。

第二，男人較為孩子氣。

自鳴得意的男人

有些男人常擺出神氣十足的樣子，概括地說，是因為男人有強烈的「被承認欲」和「孩子氣」。

一位心理學家曾將「想得到別人尊重和稱讚的願望」命名為「社會承認慾」。這種慾望，如果在奮發向上的場合發揮，即可成為男人獨有的創造魅力，而為人們所讚賞。但遺憾的是，多數男人更注重於自我表現，容易得意忘形，例如動輒高談闊論當年在某某大學讀書時如何，或者如何優秀地指揮某某工程等。

偉大的人物從來不會驕傲，因為他們已經擁有一切。一些公家機關裡傲慢的公務員，多半是一些基層職員，原因就在於他們想刷一下存在感，讓對方承認自己。被局長壓得喘不過氣來的科長，往往對下屬神氣十足；而受了氣的下屬回到家，就只能對老婆孩子不可一世了。這一系列的連鎖反應，可以說是想被社會承認的願望無法滿足，只能尋機發洩。

因此，神氣十足也是一種自卑的表現，即使不然，至少也缺乏自信心，因為偉大的人物不僅不會欺侮弱小，反而會設法保護他們。

不溫柔的男人

許多女人會發出這樣的感慨：當她們將溫柔可愛的自己展示在男友面前時，卻發覺男友並不溫柔，彷彿溫柔只是女人的專利。男女間的公式好像是：女人溫柔，男人享受溫柔。但溫柔在兩性情愛中是對等的，若不對等，就會醞釀愛情危機。

其實，男人不是不會溫柔，而是不想溫柔，不願溫柔。

為什麼男人不溫柔？有女人說：因為溫柔需要細膩的情感和恆心，有些男人嫌溫柔太麻煩，所以乾脆拒絕溫柔，給女友造成「男人不溫柔是天性」的感覺。

還有女人將「男人不溫柔」認為是缺乏自信的表現，因為一個沒有自信的男人往往需要「耍帥」武裝自己，缺乏對女友溫柔的能力。

女人的分析，可謂是觀察後的總結。男人應該主動給予溫柔，因為女友的溫柔往往需要男友的柔情去滋潤，溫柔不是女人的專利，也應該是男人的秘密武器。

第三章　男人優點

男人追求品味，自從亞當懂得為裸體感到羞怯，男人便沒有放棄過高追求。

男人愛好冒險，男人的心中沒有良民，他們從來不理解安分的真正意義。

男人總是充滿激情，讓一顆興奮的心平靜下來很難，讓一顆渴望激情的眼睛燃燒起來很簡單。

男人的優點與弱點同在，男人的最大優點，就是他是男人。

令人著迷的男人陽剛美

造物主給予了男人陽剛美的身軀，讓男人看起來更為偉岸；但如果將陽剛美僅僅視為體格健壯，就是一種誤解。

男人的確關心自己的外表，一項研究表明，百分之九十的男人希望改變自己的生理外貌，而絕大多數男人希望自己是健壯的、寬肩窄腰、有發達的手臂和胸部；但聰明的男人，在鍛鍊肱二頭肌、胸肌和腹肌的過程中，更願意將這種鍛鍊當作一種意志的磨練。

許多女人無法理解，男人在那些沉重的啞鈴、高高的單槓前汗流浹背，究竟是為了什麼？難道僅僅是想讓自己的肌肉鼓起？遠不止這些。一個內心懦弱的男人，很難在這個競爭激烈的世界找到自己的位置，男人所追求的力量，蓋源於此。也正是這個原因，陽剛之美應是男人氣質的核心內容，也是魅力的關鍵所在。

男人的友情像酒，越久越香醇

德國哲學家卡西勒說：「沒有朋友的人，只能算半個人。」波斯詩人薩迪則說：「損失一個朋友等於損失一個肢體，時間可以減輕痛苦，但失去的永遠不能償還。」朋友如同文物，越久越珍貴。傑佛遜總統說：「友情像酒。新釀時生澀，隨著年代成熟之後，就真是老者恢復體力的興奮劑。」

一個男人會為他最好的朋友做任何事情。他會為朋友排憂解難；當朋友遇到經濟困難時，給予物質和金錢上的資助；會千里迢迢趕去救助困境中的朋友；為了朋友，即便冒生死之危險也在所不辭。男人也渴望朋友傾聽他心底的煩惱，在他蒙難受挫時，希冀得到朋友的慰藉和陪伴。

公主語錄中的「好男人」

(1) 有廣闊的心胸

「好男人」不會斤斤計較，也不會隨便猜測，懂得容忍，也不會喜怒無常，且不隨便妒忌他人。這些優點可以建立良好的人際關係，可以使你與同事齊心協力地工作，你的朋友也不會有所設防。

(2)能吃苦耐勞，任勞任怨

「好男人」不畏晴雨，三百六十五天，吃了多少苦，挨了多少餓，走了多少路，只能一人默默獨吞。

(3)總是充滿自信

「好男人」需要有自信的外表、語言與行動，能將不可能完成的事完成，雖然有時失敗，但也從未放棄。

(4)總是「流血不流淚」

「好男人」每天都帶著微笑面對一切，總是承受本不該自己一人承受的事物，並總是把快樂帶給別人，將悲傷留給自己。

(5)總是相信「愛拚才會贏」

「好男人」會說：「只要有1%的希望，就要有100%的信心。」憑著這種執著，每天勞碌，所有的風險由自己承擔，成果卻由社會分享，用冒險的精神，推動社會的發展。

(6)有很強的動手能力

「好男人」總是少說多做，總是沉默的在操作，電腦操作幾下就修好了，讓人拍案稱奇！

(7) 極有社會責任感

「好男人」認為負擔社會責任是天職。認為國家興亡有你的責任，家庭幸福是你的義務，而在這種動力的驅使下，總是一心一意地做好本分。

優秀的男人懂得「自嘲」

優秀男人的一個優點，就是在自嘲中透露出涵養，他們能在窘境中運用，在不理想的生活中保持達觀。當自嘲將我們鍛鍊成一個達觀的人，有涵養，曠達飄逸，有能力自我放鬆，那麼貧困以及其它煩惱又能算什麼呢？

自嘲中透露出笑看天下的涵養，能使我們在最糟糕的時候也不失態，而且還能以良好的心態面對眼前的一切。

自嘲中蘊含著機智，既可使自己對困境含笑，也可以抵禦他人嘲諷。然而，幽默的根本是人性善良的一面，它最一般的面貌輕鬆如風。

自嘲和真實可以使人即使在窮途末路時，也顯得坦蕩無畏。魯迅自嘲道：「破帽遮顏過鬧市，漏船載酒泛中游。」人們並不覺得他顏面可憐，反而認定他必定是一位會東山再起的落難英雄，他主動點破真實處境的勇氣，顯示出他對困境的控制力。

自嘲之所以不能被每一個人接受，就是因為它必需有一種敢於觸犯自己的力量，而這種觸犯又必須以健康和尊嚴為前提。如果它再向前邁半步，它就會超過自嘲的限度，走向自辱。那些向眾人坦露斷臂的人，目的是告訴路人：「我什麼也不行，同情我吧！」而另一些人卻是言明：我的確不如你們完美，因為我只有一隻完整的手臂，可是這沒什麼，而且和你們一樣，我活得充滿好奇。

自嘲是一種冒險的自尊，它不是每一個弱小和心胸狹窄的人可以學會的，它只屬於生活中那些英雄。

一個敢自嘲「破帽遮顏」的人，終有一天會擁有新帽子。尼采詩曰，要「嘲笑每一個沒有嘲笑過自己的大師」，這是因為他認為，尚不敢自我嘲笑的大師缺乏英雄本色，並不完美。

其實，人在貧苦和落魄時，不妨自嘲一番，與其讓別人去說，不如自己道破。

真男人耐得住寂寞

對於想有所成就的男人來說，守住寂寞無疑是成功的起點，在某種程度上，可以說是成功的保證。如果不能做到這一點，就只是一隻社交動物而已。

從某種意義上說，結交一個朋友，可以說是結交一個機會，但「機會只偏愛有所準備的頭腦。」因而，你每日只與機會結伴，而不是利用機會。即使朋友為你指一條陽關大道，若你沒有腿，機會仍然無效。

當你拿起電話，接到要去一場無聊聚會的消息時，一定要斷然拒絕。試想在接下來的時間，躺在沙發上看一本剛買的書，該有多麼的愜意，這時你才會感受到寂寞的美麗。

時間對每個人都很公平，沒有哪一個人一天擁有二十五小時。在相等的時間裡，有些人肆意揮霍，另一些人卻能夠自甘「寂寞」，獨守心靈，不斷為自己贏得寶貴的時間，造就自己的成功神話。

真男人不會被左右情緒

生活中，男人不得不面對女人，母親、妻子、女兒。男女之間有天然的吸引力，問題是在與女人交往過程中，如何避免自己的情緒被左右？

傳說，蘇格拉底的妻子性格暴戾，動不動就對蘇格拉底大發雷霆。有一次，他的妻子又向他大發脾氣，蘇格拉底不予理睬，淡然走出家門，繼續思考。當他走到門口時，他的妻子從樓上潑下一桶水，把他淋成落湯雞；但蘇格拉底只是默默地掏出手帕，拭去身上的水，自言自語：「我就知道雷霆之後，必定會下雨。」

假設是你，能否做到這一點？許多人都做不到，而這正是我們無法成為蘇格拉底的原因，這話也許有點過頭，但多少有一些根據。

仔細推敲便不難發現：在那些成功的夫婦間，他們彼此影響；但更重要的是，他們懂得相互尊重，而不是苛求對方。

誰也無法避開女人的影響，重要的是，如何避免自己的情緒被左右，這時只要稍微轉移注意力，將多餘精力用在最需要的地方，就能慢慢使心緒安寧。

成功的男人必備哪些特質？

每個成功的男人總有一些與眾不同的優點：

(1) 相信自己

生活不需要保證，只要給予自己信心，就能走向成功。但自信不等於固執，真正的自信不會排斥他人的善意提醒。

(2) 品格就是財富

天才因為其獨一無二的智慧，生來就讓人崇拜；而品格高尚的人往往被人視為楷模，加以仿效。高尚的品格在人的生命實踐中錘鍊，有能讓人學習的彈性空間。

(3) 尊重他人

在這個紛繁複雜的世界裡生活，處理人際關係時，尊重他人尤為重要。

(4) 逆境成才

「天將降大任於斯人也，必先苦其心智，勞其筋骨，餓其體膚，空乏其身，行拂亂其所為，所以動心忍性，曾益其所不能。」這些困厄其實是為了「增其所不能」，就是在厄運、逆境中成功。

(5) 為自己減壓

上帝很公平，在你想達成的目的中，有勝利者殊榮；同時，他也設計了許多壓力在路途中，你想獲得多大的成就，就必須承受多大的壓力。壓力幾乎無所不在，如影隨形，既然無法躲避，我們只有直接面對，並著手解決，不要讓它再來腐蝕自己。

第四章 男人秘密

隨著科技發展，人們生活水準提高，慾望也像氣球一樣膨脹，膨脹到隨時都有爆炸的可能，就像路上越來越常看見啤酒肚一樣。有人總以為越先進越好，可悲的是，文明也要隨之付出代價。

近年來，因為不良飲食習慣、睡眠習慣、精神緊張、運動量不夠等而生病的人越來越多；此外，人際關係淡化、精神空虛、金錢與利益的誘惑、婚姻家庭破裂導致的精神創傷等，也是對身心無形的摧殘。而既然還沒有疫苗可以治癒糖尿病、高血壓、心血管疾病和癌症，那麼健康的生活方式是最好的預防。

「千里之堤，潰於蟻穴」，健康更是如此，一百次小的掏空，就會堆疊成徹底的潰亡，我們只能從生活細節做起，處處留意，才能保證身體「長治久安」。

攝護腺肥大

隨著年齡成長，人體內各組織器官都會慢慢萎縮，男性生殖器官也會隨著雄性激素下降而萎縮，包括攝護腺。然而，有不少老年人的攝護腺沒有萎縮，反而會變得肥大，這是怎麼回事？醫學研究表明，老年人的攝護腺肥大，是由內分泌失調所引起。因此若老年人出現攝護腺肥大一定要特別注意，因為它有可能發展為攝護腺癌。

攝護腺肥大時，攝護腺組織會擠壓尿道、膀胱，使病人尿路阻塞，故攝護腺肥大最早出現的症狀，就是頻尿。由於膀胱受壓受阻，每次都排尿不淨，膀胱內餘尿儲留，膀胱實際空間小而造成。

攝護腺肥大的另一早期症狀，通常表現為排尿困難、費力、時間長，尿線射程不遠，尿流變細。如果合併尿路感染，就會使病人有尿急、尿痛等不適，痛苦不安。

慢性的攝護腺肥大，由於經常用力排尿，使腹內壓增高，病人容易患痔瘡、脫肛、消化不良、便祕等病症，嚴重的可以引起腎功能下降和尿毒症。

攝護腺肥大的診斷較為容易，醫生透過肛門指診就能摸到攝護腺，判斷攝護腺是否肥大。治療攝護腺肥大可用藥物，手術治療也是較常用的方法之一，而這得由醫生根據具體情況決定。

慢性攝護腺炎有哪些表現

攝護腺是男性生殖器官中最大的附屬性腺，其外形如栗子，位於膀胱頸下方，能分泌乳白色的攝護腺液，為精液的組成部分。射精時，攝護腺液連同精囊、輸精管分泌物與精子一同射出，這些分泌物中含有各種營養物質，使精子能正常活動。

然而，攝護腺這個男性重要性腺，卻是很脆弱的器官，最常見的毛病要屬慢性攝護腺炎，這也是男性最常見的疾病之一。

慢性攝護腺炎的表現多樣，可以稍微歸納如下：

(1)晨起排尿結束或排便時，尿道口有稀薄水樣物或乳白色混濁液溢出。
(2)頻尿、尿急、排尿困難及會陰部不適感，尿道灼熱感等。
(3)會陰、肛門和陰囊等部位可能有嚴重的觸痛感和墜脹感，腰部痠痛，令人坐臥不安，這主要是由於慢性炎症刺激，經過神經反射而引起。
(4)性功能障礙，可有陽痿、早洩、遺精、射精疼痛等，有時因細菌或毒素進入攝護腺液，或殺傷精子或改變精液成分，從而引起不育症。
(5)神經衰弱症狀，如頭暈、失眠、健忘、精神憂鬱等。

當然，如果到醫院檢查，醫生還可以發現攝護腺有輕度腫大，攝護腺液變混濁，還含有大量白血球等等。

如何治療慢性攝護腺炎

慢性攝護腺炎可以分為兩大類，一類是細菌性攝護腺炎，這多數是由人體的一些感染病灶或是聚集在外生殖器的細菌，在人體抵抗力較差的情況下，透過各種途徑侵犯攝護腺所致；另一類是非細菌性攝護腺炎，也叫做攝護腺溢液，這與攝護腺反覆充血有關，性生活過度，經常手淫、酗酒、會陰部損傷等，都可能誘發慢性非細菌性攝護腺炎。

慢性攝護腺炎的治療應在醫生的指導下進行，首先應消除思慮，強化體質，這對有性功能障礙、神經衰弱症狀者尤為重要；同時，生活要有規律，禁酒及刺激性食物，保持排便通暢和適度的性生活。對病因及時治療也極為重要，應積極針對引起慢性攝護腺炎的原因對症治療。還可以做攝護腺按摩，使帶有細菌的攝護腺液及時排出體外，以促進攝護腺炎減緩。

此外，還有用超音波、熱水坐浴、中藥等治療。慢性攝護腺炎基本上不用手術治療，手術僅適用於無需生育、抗菌藥物治療無效、攝護腺硬化伴有排尿困難者。

男人的保養小知識

男性在進行臉部護理時，可根據自身膚況選擇適當的保養品與化妝品，可以選用護膚類產品，男性常用產品大致有香水、護唇膏、刮鬍泡、護髮產品、乳霜類產品等。

洗面乳。男性皮膚多油性、毛孔較粗大，一般選用泡沫豐富的潔顏產品，徹底洗淨臉部。

刮鬍泡。首先清潔肌膚，淋濕鬍鬚，盡量以毛巾熱敷使肌膚柔軟，再抹刮鬍泡刮鬍子，刮鬍子後宜用冷水沖洗，以收斂肌膚毛孔。

面霜。男女皮膚性質不同，女性隨著年齡成長，皮脂分泌量減少，肌膚易乾燥；男性的皮脂分泌卻與年齡無關，始終易油膩，所以男性宜選擇能防止肌膚乾燥、清爽無油膩感的乳液。

護唇膏。冬天來臨，青紫色的嘴唇會讓自己大打折扣，可以使用護唇膏。如果嘴唇裂得很嚴重，可在睡前塗護唇膏。

護髮產品。選擇能止癢的護髮產品，兼有養髮、護髮作用，例如慕斯能使頭髮光澤，也能使用塑形慕斯，但必須在頭髮乾燥時使用。

男士香水。男性可以選擇木質調香氛，塑造嚴謹幹練的感覺，體現男子魅力，可以抹在手腕、胸部、手肘內側等體溫較高的部位。

從香水喜好，看你是哪一類型的男人

(1) 成熟穩重的馥奇香型

這種香型粗獷又略帶有古典氣息，令人有安全感，代表品牌有好萊塢星光淡香水（Playboy Hollywood）和嬌蘭（GUERLAIN）的男性香氛。

(2) 溫情神祕的東方香型

以麝香、檀香為主調的香型，持久而含蓄，留下陣陣溫柔和濃郁的神祕色彩，適合性格含蓄內斂的男性，代表品牌有 YSL 的男性香氛。

(3) 耐人尋味的薰苔香型

此類香型通常用清新的佛手柑、葡萄柚、紫蘇等成分為前調，以濃郁的檀香、橡苔等木質香為中調，以前調和主調的微妙搭配，產生時而濃烈、時而清新的氣味，給人難以捉摸的感覺，代表品牌有 Calvin Klein 的永恆男士香水、HUGO BOSS 的男性香氛。

(4) 豁達瀟灑的自然香型

以柑果、木香和多種草香組成的香調，又添加了茉莉和丁香等花香，塑造出新時代男性的新形象，給人一種爽朗怡人、陽剛正氣的感覺，代表品牌有高田賢山（KENZO）的男性香氛，Giorgio Armani 的男性香氛。

乳腺癌

說到男性乳腺癌，也許不少人會大惑不解，因為平常聽到的乳腺癌患者幾乎都為女性，事實上，男子也會罹乳腺癌，但發病原因尚不清楚，臨床上也較為少見，發病率約占乳腺癌總數的1%～2%，發病率一般隨年齡的成長而上升，五十至五十四歲為高峰期。

男性乳腺癌兩側均可發病，左側稍多於右側，亦有兩側同時或不同時發病者。癌瘤多在乳暈區，初起時乳暈區出現無疼之小結節，圓或半圓形，一般較小，多數直徑在二到五公分之間。腫塊一般較硬，界限清楚，無觸痛，能活動，可以靜止多年而後迅速變大，或是逐漸變大。早期還可出現乳頭變形、凹陷、回縮；有的可有乳頭破潰，乳頭有血性溢液。

因此，步入中年的男性，若是發現乳暈下有質硬腫塊迅速增大，腫塊與皮膚黏連，有乳頭回縮或潰破，乳頭出現溢液或腫塊與下部組織黏連者，均需重視，及時就醫以查明原因，以免耽誤病情。

男性不育的四個原因

男性不育的原因大致有以下幾個方面：

(1)精子先天不足

睾丸是生產精子的場所，如果睾丸的生理功能異常，精子的數量和品質就會受到影響。常見的原因有：腦垂體、腎上腺、睾丸本身的內分泌功能紊亂；睾丸先天性畸形或隱睾症、腮腺炎引起睾丸萎縮；經常接觸同位素、X線等放射性元素後損傷睾丸；精索靜脈曲張，睾丸血液循環受阻造成生精障礙等。此外，缺乏維生素A、鈣、鋅、磷等物質，也是精子生產異常的原因。

(2)輸精管道受阻

睾丸生產的精子要經過附睾、輸精管、輸精管和尿道的長途跋涉，才能離開男子的生殖器與卵子結合，如果輸送精子的任何一處通道阻塞，就會不育，常見疾病是這些部位中的附睾及輸精管結核，和淋球菌感染（淋病）。

(3)精漿的異常

精子儘管有種種本領，但不能獨行其事，需在精囊、攝護腺、尿道球腺等分泌液體組成的精漿護送下，才能發揮作用；若這些分泌精漿的器官病變，就會使精漿的性能和數量異常，影響精子正常活動。

(4)男性的外生殖器畸形、病變，或性功能障礙，也是男性不育症的主要原因。

睪丸疼痛怎麼辦

引起睪丸疼痛的疾病，主要有三種：

一種為睪丸炎，是由於細菌病毒等病原體侵入睪丸，引起睪丸發炎。主要表現是睪丸腫脹、壓痛、甚至化膿，全身還會畏寒、發熱；如果是兒童，一般是在流行性腮腺炎以後，轉為睪丸炎。

另一種為睪丸扭轉，是由於先天性睪丸繫膜過長所引起，只要過度活動或外力影響，睪丸就會扭轉，劇烈疼痛以外，並可伴隨嚴重噁心、嘔吐，局部陰囊明顯腫大。

第三種為睪丸外傷，陰囊部位受到直接暴力打擊，睪丸擠壓或破裂性損傷，伴有劇烈疼痛，局部檢查可見陰囊腫大，有積血。

如果得了睪丸炎，應臥床休息，用布托起陰囊，局部熱敷，並以抗生素消炎，或者使用中藥；萬一睪丸扭轉，需早作手術，將扭轉的睪丸復位，否則時間一長，睪丸會因缺血而壞死，那就只能將睪丸切除。

倘若是睪丸損傷，輕者可採用止血和止痛藥治療，並適當休息；重者開刀，消除陰囊積血，再修復睪丸。總之，睪丸疼痛應及時就診，不要因害羞而諱疾忌醫。

男人拒絕中年發福的七大妙方

如果你稍稍停下腳步，看看四周，便能發現不少大肚男人，而他們對於肥胖也有說不出的苦衷，那麼如何防止中年發福呢？

(1)減少應酬

每天忙不完的工作，數不清的應酬，酒肉穿腸過，脂肪肚中留。再加上作息不規律，睡眠不足，你不胖誰胖？所以減少應酬，就是減少發胖的機會。

(2)每天至少運動十分鐘

不要找藉口說很忙，每天抽出十分鐘活動筋骨、爬樓梯、快走、仰臥起坐總可以吧？雖然不能馬上擁有結實挺拔的身材，卻可以有效減少因久坐不動而囤積的過剩脂肪。其實，不管做什麼運動，只要能使心跳加快的活動，都有助於熱量耗損，抒發壓力，當然，堅持是關鍵。

(3)勤快一點

經常做家事的男人的身材比袖手旁觀的男人好，跑業務的人比只會喝茶看報紙的人健康。

(4)多喝水

使體內有足夠的水分，不僅對皮膚好，還能刺激體內脂肪代謝，抑制食慾。

(5)健康飲食

「早吃好，午吃飽，晚吃少」，少吃富含脂肪的食物就可以了，如果能堅持做到這點，那麼不節食也可以成功減肥。

(6)讓節奏慢下來

放慢做事的速度，可以更從容平和，對心態、健康和體態都有好處。

(7)愛的運動有奇效

床事燃燒掉的熱量相當於一次劇烈運動，仔細想想，這項男人鍾愛的運動包含伏地挺身、仰臥起坐甚至瑜伽！想在床上運動時表現得更出色嗎？那平時最好也多練習這幾項運動。

巧克力、果汁、啤酒、可樂，哪一種最容易胖？

(1)巧克力

巧克力餅乾是辦公室白領最愛的零食之一，但美味的背後是高熱量和發胖的陷阱。每片巧克力餅乾，熱量共五十卡路里，每天都吃，一年足以增重十四公斤，還會催人老化；而一根受寵的巧克力棒的熱量，相當於一頓正餐的一半熱量，共兩百八十卡路里，每天吃一根，一年也能發胖十三公斤。也就是說，你必須吃完後慢跑半個小時，才能平衡掉那一根巧克力棒的熱量。

(2)罐裝果汁

大部分的果汁都是濃縮還原汁，添加不少的糖，而且在加工的過程中，礦物質和維生素大量流失；更可怕的是一罐五百毫升的果汁，約含有兩百五十五卡路里的熱量，如果每天一杯，一年就會發胖十二公斤。

(3)可樂

有的人將可樂當水喝，他們卻忘記了可樂的高熱量，一罐三百七十五毫升的可樂，約含一百六十八卡路里的熱量，一年下來，能讓你體重發胖八公斤；而可樂內含的咖啡因，長期飲用甚至會刺激食慾。

(4)啤酒

有人的地方就有啤酒的身影，但若每天喝酒，啤酒肚也隨之而來。每一罐三百七十五毫升的啤酒，約有一百四十七卡路里的熱量，每天喝一瓶，一年發福七公斤；若在睡前喝啤酒，還會將大量水分聚積在體內。

影響男人減肥成功的五大因素

(1)心理

減肥不是件輕鬆容易的事，所以戰勝肥胖的信心、勇氣和恆心缺一不可。

(2)遺傳

肥胖與家族遺傳史有關，遺傳性的肥胖要想減肥成功更為困難。

(3)婚姻

婚姻美滿的男人，往往能夠減肥成功。不知道是不是因為有人督促的原因，若有孩子，減肥效果也還不錯，也可能是帶孩子勞累所致；而那些單身、婚後沒有孩子或者離婚的男人，減肥效果往往較差。

(4)時間

尤其對以節食來減肥的人，前三個月非常關鍵，如果這個階段控制得當，減肥效果就會非常不錯。

(5)減肥方法

多管齊下的綜合減肥法，遠比單一減肥法效果好得多。

醫生的七個健康忠告

只有擁有健康的身體，才能繼續革命，在此，醫生為保持健康提出了七個忠告：

(1)胸口痛一定要去檢查

胸口痛一般休息一下就會好轉，你或許覺得不必緊張，但這也可能是心臟病的早期症狀，最好去醫院檢查，即使健康無事，但確診後才使人放心。

(2)注意隱祕的睾丸癌

二十歲至四十歲的男人易得腫瘤，睾丸癌是其中之一，如果及時發現，治癒率高達85%。所以還是要時常檢查性器官，最好是在溫水澡後皮膚變得柔軟時進行，如果發現表皮上鼓起小疙瘩，應立即去醫院檢查。

(3)少吃油膩和油炸食物

油膩和油炸食物容易肥胖，提高了患心血管疾病的風險，應盡可能吃清淡的食物，多吃植物油少吃動物油，多吃些蒜和魚類，適量喝點紅酒，降低膽固醇。

(4)關心「體面」

皮膚可以告訴我們很多健康資訊，比如頭皮屑增加與壓力有關；身上的痣突然變大或出血，往往是癌症的危險信號。

(5)堅持一定的體力活動

活動太少使人發胖，尤其是上班族，活動越來越少，未到中年就發胖的大有人在，而多餘的重量對心臟造成很大的負擔，關節也會變得不靈活。而如果實在沒時間鍛鍊，至少要經常散步，每週打球，促進健康的同時還能保持魅力。

(6)經常量血壓，家裡備有血壓計

高血壓會對心臟造成威脅，往往是急性心臟病或腦溢血的起因。

(7)如廁時間改變告訴你什麼

男人如廁時間變長，一般與便祕或痔瘡有關，遇到這種情況就要多吃蔬果，並多喝水；若如廁次數也增加，可能與攝護腺炎有關。攝護腺疾病有年輕化的趨勢，所以如果發現異常，就要去醫院檢查。

男人保腎的措施

腎虧指的就是腎虛，一般可分為腎陰虛、腎陽虛和腎陰陽兩虛。

腎虛病人有精神萎靡、腰酸腰痛，體力不支，睡眠不佳（包括失眠、多夢、嗜睡）、性功能減退等症狀；腎陰虛時，有遺精、尿量多或尿如脂膏、頭暈目眩、耳鳴等症狀，嚴重時有耳聾、口乾、盜汗、低熱、顴紅，手足心熱等現象；腎陽虛時有腰酸腰痛，性慾減退、滑精、早洩、陽萎等。

引起腎虛的因素很多，但常見原因還是房事過頻、遺洩無度所致。房事的頻率因人而異，一般來說，以房事後第二天身體不乏累，心情舒暢為合適。從年齡上看，年輕夫婦每週兩到三次，中年夫婦一到兩次為宜。

補腎食品很多，其中最簡便可行、經濟實惠的是羊脊骨湯。將羊脊骨洗淨，煮兩小時，添加蔥薑。腎虛瘦弱、乏力、虛損、腰脊痛者可將羊脊骨剁碎，加中藥肉蓯蓉三十克，絲子一到三克（用布包好）加水同煎，兩到三小時後取汁，加米煮成粥，調料食用。羊腎對因腎虛所引起的腰痛、足膝痿弱、遺精陽萎等，亦有較佳療效。

影響壯陽的八大器官

性功能不足是很多男性羞於啟齒的問題，為了和諧的性生活，他們又努力用各種藥物改善，然而往往成效甚微。據生理專家稱，其他器官的狀況影響性功能甚巨，接下來便逐一剖析，其他器官是如何影響性功能的運作：

(1)心肺

為保持心肺的正常功能，需要：

⇩清理血管，保證暢通；

⇩飲食不要過鹹；

⇩控制體重；

⇩戒菸。

(2)肝臟

肝臟是非常重要的器官，它能產生大量能量，維持人的體溫；分解血液中的毒素；儲存某些維生素和醣類，並分解酒精代謝物等。因此，為保持肝臟健康，需要：

⇩不要空腹飲酒；

⇩預防肝炎。

(3) 腎臟

腎是「先天之本」，主要功能是儲精，腎的精氣盛衰，關係到生殖和發育的能力。

因此，維持腎臟健康需要：

⇩ 控制血糖含量；

⇩ 每年驗血、驗尿一次；

⇩ 如果你年過三十五，每年檢查一次攝護腺。攝護腺肥大會導致排尿困難，從而引發腎病；

⇩ 不要吃太多鹽，因為鈉與高血壓有關，而高血壓能損傷腎臟；

⇩ 多喝水，水能排掉廢物，預防結石。

(4) 甲狀腺

甲狀腺控制新陳代謝，甲狀腺激素分泌過多或過少都會出問題。分泌過多導致甲狀腺亢進，使食量暴增，體重下降，更糟的是可能導致男人陽痿；分泌過少，即甲狀腺低下，導致虛胖和性慾低下。

因此，為了甲狀腺的健康需要：每年驗血一次，測量T3（三碘甲狀腺素）、T4（四碘甲狀腺素）的濃度。

(5)攝護腺

攝護腺的工作是產生大量黏液，供精子在其中游動，同時保護精子，健康的攝護腺使男人能充分享受魚水之歡。

為了保證攝護腺的健康，需要：

⇩多運動；

⇩別憋尿，常小便；

⇩不久坐，每隔一陣子就起來走走；

⇩規律地性生活；

⇩減肥；

⇩多吃含鋅食品。

(6)胰腺

胰腺的主要工作是分解消化酶和製造化學物質，其中最著名的就是胰島素。胰島素分泌不足，又或者是不知什麼原因身體抑制了胰島素，使葡萄糖無法吸收，引發了糖尿病。糖尿病會嚴重影響性能力，一半以上的糖尿病患者最終導致陽萎，因為高血糖損害了控制血液流向陰莖的神經。

因此為了保護胰腺，需要：

⇩ 有氧鍛鍊；
⇩ 多樣均衡的飲食；
⇩ 不要超重；
⇩ 關注家族史。

(7) 肌肉

有兩組肌肉——骨盆肌和括約肌對做愛至關重要，靈活有力地控制這兩組肌肉，可以大大延長做愛時間。

因此為了使肌肉強健，需要收緊用來控制尿流的肌肉，然後鬆開，每天反覆練習。

(8) 睪丸

睪丸有兩個功能，一是產生精子，二是產生性慾。睪丸分泌雄性激素，這種激素使男子產生性慾。需要說明的是，雄性激素的主要作用在於促進性慾，而不是直接導致勃起——勃起是陰莖的工作。

為了保護「睪丸」，需要：

⇩ 寬鬆的四角內褲；
⇩ 「坐」班族要加強鍛鍊；
⇩ 自己檢查睪丸，它摸起來應該像一顆堅實的水煮蛋，光滑結實，但不堅硬，任何腫塊和堅硬區都要注意，不能忽視；

⇩減少脂肪性食物。

PPT法與性關係

過了熱戀期後，戀愛雙方建立起穩定的關係，並理所當然地將對方據為己有，許多人接著便把精力投入到工作中，之後的接觸僅以幾句問候代替，即便在熄燈後同床共寢也是如此；而性生活作為溝通的橋梁，如果沒有雙方協助，注定坍塌。雙方漸漸「性趣缺缺」，久而久之，對兩人的情感也會失去興趣。

能夠挽救瀕臨破裂性生活的最佳方法，就是在裂痕剛剛產生時就加以彌補，這就需要PPT（即保證夫妻共用時間）方法，也就是保證能經常與戀人相處。

PPT法並不單純地意味著將時間全部放在性愛上，多數人的生活都很忙碌，如果性行為只是一件不得不做的事情，那它可能會排在日程表中最後一項，甚至乾脆推遲。PPT法意味著放鬆你和情人緊張的生活節奏，安排出一定的時間，其實多數人都清楚知道，這正是他們所需要，卻似乎從未認真對待。

為了使PPT法達到最佳效果，日常生活中必須經常自我反省與自我控制，因為憤怒、興奮、疲倦和精神壓抑等情緒，很可能遭到忽視或被抑制。

PPT法進行期間，要求完全脫離外界，因為只有情緒穩定下來後，才會「有感覺」。

在夫妻共用的時間裡，應做一些可以使人充滿活力的活動，比如鍛鍊身體、安靜思考、聽輕音樂、午睡，洗熱水澡、喝雞尾酒，吃點宵夜等。

許多夫婦在共同渡假後，雙方感情會戲劇性的恢復，不只是因為可以在一起度過美好時光，而是因為在假日裡他們可以放鬆表達感情。PPT就如同短暫的假日一樣，它提供充分的時間恢復體力；有助於雙方交談，不論是在飯店、電影院或家中，可以促使雙方親暱，互相依偎、握手、親吻。性愛不是PPT的目的，卻是PPT必然的結果。

保留夫妻共同時間十分重要，PPT法最理想的時間應是在白天或傍晚，如果你能珍惜夫妻間共同的時間，將可以享受更多生活樂趣。

性冷感及治療

在兩性關係中，性冷感可能意味著很複雜的問題，例如婚姻矛盾，精神壓抑，以及一方或雙方間存在著感情隔閡。如果上述諸方面的情況確實存在，接受專業諮商能有效解決問題。

性冷感的另一個原因，是缺乏想像力以及責任心，在沒有任何表達、或沒有收到任何反饋的情況下，只是機械式做愛，性生活自然難以讓人滿意。

性高潮是兩性接觸的最終目的，人們尋找最簡單的方式達到，而有些人願意過著這種枯燥的生活，也不願意發揮想像豐富生活。當然，用正確的刺激方法機械式做愛，即使性慾較低的人也能高潮，但整個過程枯燥無味，缺乏新鮮感。

稍微將注意力從性高潮，轉移到產生性高潮的過程，也就是說身體接觸後不久，體內就會產生慾望。此時盡量撫摸對方，一段時間的撫慰能促進性慾，此時再採用一些性交技巧，就能順利達到高潮；如果做愛後沒有感到特別疲勞，這也能重新刺激性慾，在體力恢復後再次性交，重新達到高潮。

上述這種方法對中年夫妻十分有效，不幸的是，許多人拒絕這種簡單的變化，因為變換方式意味著勞累，令人討厭或猶豫不決。有些人確實懶惰，然而拒絕變換做愛方式，或許出於恐懼心理，他們擔心這種方式不但無法改善性關係，反而會加劇不滿情緒，導致離婚；而除非你真心希望能找到解決性冷感的辦法，否則別無他路。不要等待對方採取措施，最好做些雙方都感興趣的事情，例如一起旅行，或找出你們都喜歡的運動或業餘愛好。

性生活正常，最主要的因素應歸於相互合作，精神科專家也認為，合作是正常性生活的保證。從精神治療的角度來看，夫妻雙方最終都會共同做已經承諾過的事。

陽痿及其防治

陽痿是一種常見的性功能障礙，也是男性最關心的主題之一，儘管病患會感到很絕望，然而假如深入了解產生的原因，將會對治癒率之高感到吃驚。

當陰莖喪失勃起能力，或不能勃起一段時間時，即稱為勃起功能失調——陽痿。原先性功能正常，後來卻發生陽痿，稱為繼發性陽痿，有性活動出現以來就有勃起障礙，稱為原發性陽痿。繼發性陽痿比原發性陽痿更常見，而治療效果也十分理想。

有些男性的陽痿，不過是精神抑制所造成的性交障礙，但可以透過其他方式恢復。某些陽痿的男性在睡眠中或陰莖鬆弛時，也可以射精。

許多因素可以導致陽萎，例如對自身性功能的感受，對戀人給予刺激的感受，疾病、外界壓力、疲倦、精神壓抑、休息不足、酗酒以及服用興奮劑等等。

當陰莖充血時就會勃起，這一變化受神經系統和血管控制，而凡是能導致血液流通不暢和精神緊張的因素，都可能抑制陰莖勃起。陽痿也可能受到身體條件的影響，比如外科手術，男性荷爾蒙缺乏症等。

糖尿病、動脈硬化也可能導致陽痿，有些藥物也會有所影響，例如治療心臟病、高血壓的藥物、鎮靜劑、抗組織胺、安眠藥、降血壓藥、利尿劑、春藥等。

酗酒是導致陽痿的最大原因，大量飲酒會麻醉大腦神經，妨礙正常的性功能。

陽痿也會受到情緒影響，例如兩方性關係是否和諧、宗教信仰的不同、對同性戀態度的不同、對性交恐懼或精神受到壓抑等，有時陽痿也由身體和情緒的共同影響。

迄今為止，透過（精神）心理療法，配合藥物治療，治癒了許多陽痿患者。特別是採用陰莖修復手術，這種方法是將固體的可充氣裝置，透過外科手術放置到陰莖中，在其充氣後使陰莖堅挺。

有幾種自我治療陽痿方法，但最重要的一點就是盡力放鬆，如洗個熱水澡，小睡一下，讓戀人為你擦背等。記住，做愛前千萬不要喝酒，不要期望酒後能堅挺的勃起，只讓自己享受摸撫或被撫摸的快感。

如果努力後仍然勃起困難的話，就應該去泌尿科掛號，因為陽痿，特別是在幾年正常的性生活後發生的陽痿，常常是身體原因所致。

性交後不宜喝冷飲

性交結束（排精）後，男人普遍會燥熱口渴，尤其是對於某些情緒容易緊張或身體虛弱者，在夏季更容易因大量出汗而口渴難耐。

從醫學角度而言，此時急於吃冷食或者喝冷飲，對身體健康肯定極其不利，因為性生活本身非常消耗體力，劇烈運動時，腸胃血管都在擴張，而在胃腸黏膜充血未恢復常態前急於喝冷飲，無疑會使腸胃黏膜突然受冷收縮，極易引起腸胃不適或絞痛，同時也為病菌入侵體內創造了有利條件。

所以，如果在性交後大汗淋漓或口乾舌燥，不妨飲少量溫開水，在性交後一小時、血液循環恢復常態後，再喝冷飲（最好少飲）為好，千萬不要貪圖一時痛快而傷害身體。

「多與少」的疑慮

新婚燕爾的夫妻，性生活可能會比較頻繁，而隨著射出的精液量越來越少，就會有所顧慮；還有一些青年在某次手淫後，發現精液比以前明顯減少，少到僅有幾滴，也會擔心影響將來的性生活和生育。

其實這些擔憂都是多餘的，一個男人，從第一次遺精開始，體內一直存在著精液，一個人有多少精液無法計算。夢遺、手淫和性交次數多，則精液消耗量大，但精囊、攝護腺、尿道球腺與其他腺體一樣，只要功能正常，就會源源不斷地分泌，所以精液不會枯竭。有些青年手淫頻繁，連續幾天一次甚至一天幾次，這樣會使精液量顯著減少。原因很簡單，雖然人體產生精子、精液的能力很強，一般洩精後一到兩天即可補足，但射精過頻，還是會「供不應求」。這種情況造成的精液過少當然不是疾病，故不必擔心，延長排精間隔就會不治而癒。

不過，如若每次排精量都過少，那就有異常。在男性不育的病例中，精液過少（少於一毫升）引起的不育大約占總病例的2%左右。精液過少的原因可能為睪丸功能異常、內分泌紊亂，精囊、攝護腺疾病或尿道狹窄所造成。這類精液過少容易鑑別，只需禁慾或禁止手淫毳到七天後再排一次精液，精液較前增多者沒有疾病，否則為病理性精子稀少症。

那麼，精液過多好不好呢？與精液過少的情況相似，精液過多，如超過七毫升，也有異常，大多為精囊炎所引起。精液過多的實質是精漿分泌或滲出過多，而精子的總數並沒有變化，這樣顯然會降低精液中的精子密度，也降低受孕機會。過量分泌的精漿因炎症等病理因素影響，會干擾精子的活動；另外，精液量過多，也會造成性交後挾帶大批精子的過多精液會從陰道流失，降低受孕機會，因此精液並非越多越好。

男人衰老十大特點

婦女進入更年期後，一般都會出現如停經等明顯的生理變化，男性的這種變化卻大多模糊不清。專家認為，一些生理變化可以作為男性衰老的標誌：

(1) 視力：眼球水晶體隨年齡成長不斷變厚，男子五十歲以後，會逐漸出現明顯的視力衰退和無法聚焦。

(2) 頭髮：隨著年齡增加，男性頭皮上毛囊的數量日益減少，頭髮越來越稀薄，頭髮生長速度也越來越慢，「地中海」的男性越來越多。

(3) 心臟功能：男子二十歲以後，心臟在劇烈運動時的調節能力會越來越低。一名二十歲的年輕人，運動時每分鐘心跳最快可達兩百次，三十歲時減少至一百四十次，以後每增加十歲，心臟每分鐘最快跳動次數減少十次。

(4) 聽力：鼓膜變厚，耳道萎縮變窄，對音調的辨別能力，尤其是高頻率聲音的辨別越來越困難，這種狀況在六十歲後日益明顯。

(5)供氧及耐力：一個七十歲男子的體力只及二十歲男子的一半。

(6)肺功能：胸腔骨骼越來越僵硬，控制呼吸的肌肉負擔越來越重，呼吸時有更多有害物質殘留在肺部。

(7)脂肪：男子在二十五到七十五歲之間，體內脂肪組織的比例增加將近一倍左右，且增加的脂肪大多堆積在肌肉和器官組織裡。

(8)性生活頻率：性衝動次數減少，據統計，二十五歲左右平均每年可達一百零四次性高潮，五十歲為五十二次，七十歲時為二十二次左右。

(9)陰莖勃起角度：三十到五十歲間男子的勃起角度比年輕時略低，五十到七十歲間則明顯降低，心血管疾病是其中主要原因。

(10)肌肉與骨骼：原本發達的肌肉逐漸萎縮軟弱，骨骼退化。

第五章 男人策略

有些女人很難大方說出心裡話，卻希望男人能懂得自己的心事，若男人深愛你的愛人，或很珍惜你的婚姻，就不得不擁有一些男人的策略，而對此最有效的策略就是：你不一定要做什麼事，但一定得讓對方知道自己關心她，並且惦記著某些事。

成為「王子」的三項標準

只要愛情不要麵包的戀愛，是柏拉圖的精神戀愛，而現實生活中，男人要成為女性心目中的王子有以下三項標準：

(1) 經濟實力

從婚姻的角度出發，結婚意味著建立一個家庭，而建立家庭需要一定的物質基礎，因為很難想像在一個四壁皆空的家庭裡，能結出愛情的碩果。加利福尼亞大學的學者認為：在養育後代上，人類比其它動物要投入更多的時間和精力，而這一重擔又常常落在婦女肩上。所以，男子是否有足夠能力能支持自己撫養孩子，便成了擇偶時考慮的重心。

(2) 端正的人品

常常聽長輩說：嫁人要嫁老實人。較為成熟的人，戀愛時更關注對方的人品、精神和智商，是否忠誠正直常常成為重要的擇偶考量。

(3) 氣質個性

比較吸引人的男性特質是堅定、樂觀、自信、豁達、開朗、有勇氣、幽默、智慧。而許多心理學家認為，兩性氣質平衡的人，在社會上比單性氣質較強的人表現出色，因為他們對環境的適應力更強，具有成功的潛力。中國傳統哲學家主張，任何事物都包含陰陽，陰陽相互作用才能誕生新事物，個體才富有生命力。德國著名社會學家弗羅姆（Erich Fromm）認為：「男人的特性可以概括為具有洞察力、控制力、積極進取、嚴守紀律和勇於冒險。但任何人都有弱點，追求絕對剛強男子的女人將會失望，而越來越多女性發現那些溫柔、細膩的男人更有魅力。」

男人的健康規則

二十歲左右是運動醫學稱為「破紀錄年齡層」，這個時期身體功能鼎盛，心率、肺活量、骨骼靈敏度、穩定性及彈性各方面均達到最佳。從運動醫學角度來說，這個時期運動量不足，比運動量偏高更對身體不利，這個年齡層的人可進行任何運動強度的鍛鍊。

可每隔一天鍛鍊一次，每次大約三十分鐘，方法是試舉重物，負荷量為極限肌力的60%，一直練到肌肉感覺疲勞為止（大約每次做十到十二次）。如多次練習並不覺得累，可以增加器材重量10%，必須使主要肌群（胸肌、肩肌、背肌、二頭肌、三頭肌、腹肌、腿肌）都得到鍛鍊。二十分鐘的心血管系統鍛鍊，方法是慢跑、游泳、騎腳踏車等，強度為脈搏一百五十到一百七十次／分鐘。

到了三十歲左右，人的身體功能已超越頂峰。這時如忽視鍛鍊，對耐力非常重要的攝氧量會逐漸下降，而若關節常發出一些響聲，這是關節病的先兆。為了使關節保持較高柔軟度，應多做伸展運動，還要注意鍛鍊心血管系統。仍隔一天鍛鍊一次，每次進行五到三十分鐘的心血管系統鍛鍊（慢跑或游泳），強度不像二十歲時那樣大。二十分鐘增強體力的鍛鍊，與二十歲時相比，試舉的重量更輕，但可以增加次數。五到十分鐘的伸展運動，重點是背部和腿部肌肉，久坐辦公室的人更要注意。方法是：仰臥，盡量將兩膝提拉到胸部，堅持三十秒鐘；仰臥，兩腿分別上舉，盡量舉高，保持三十秒鐘。

這個年齡層的人仍可進行各種體育鍛鍊。若間斷一段時間，則重新進行鍛鍊時要遵循「循序漸進」的原則。醫生建議，三十五歲以上的人鍛鍊前應做心電圖檢查。

與二十歲相比，四十歲以上的人肌肉的可鍛鍊性已下降25%，體力逐漸下降，肌肉逐年萎縮，身體開始發福。發福與肌肉總量的減少有關，肌肉少，脂肪的消耗就少，但飯量並不比年輕時少，於是肚子開始凸起。因此，超過四十歲的人運動，不僅有利於保持良好的體態，而且能預防常見的老年疾病，如高血壓、心血管疾病等，每星期一、五鍛鍊兩次，內容包括：二十五到三十分鐘的心血管鍛鍊，中等強度，如慢跑、游泳、騎腳踏車等。

五十歲以上的人運動後，脈搏每分鐘不超過一百三十到一百四十次。十到十五分鐘的器材練習，器材重量要比三十歲時更輕，重量太大會損害健康，但次數不妨多增加。為防止意外，最好不使用啞鈴，而使用健身器材。五到十分鐘的伸展運動，尤其要注意活動各關節和那些易萎縮的肌肉。週三增加一次四十五分鐘增強體力的鍛鍊（不借助器材，可伏地挺身、半蹲等），重複多組，每組約二十次，數量依自己的承受力而定。

推薦運動項目：網球、長距離滑雪、游泳、慢跑、高爾夫球、跳舞、散步。

男人必修的心理健康課

現實生活總是充滿挑戰，而無論有多少風雨，生活還是要繼續。

(1) 不要生氣

生氣只會使一個人喪失理智，因此盡量不要生氣，而要設法不生氣其實也不困難：

首先，扭轉自己的想法，提醒自己不必生氣，任何事情都有好壞兩面，想想好的一面。延緩就是控制，多加練習，最後就能完全消除。

其次，生氣的時候提醒自己，每個人都有權成為自己想成為的樣子，你阻止別人，只是自己找氣受。

再次，生氣的時候，接近所愛的人，在他們那裡尋找「愛」，沖淡怒意。

另外，就是寫一本「生氣日記」，記下生氣的確切時間、地點和事情。你很快就會發現，若是經常生氣，光是要寫「生氣日記」這件麻煩事，就可以迫使你少生氣了。

(2) 憂鬱，積極向上的大敵

現代生活緊張，而人們沒有太多時間互相理解，於是，憂鬱成為現代生活中常見的不良情緒。

消除憂鬱的最有效的方法，就是改變自己的認知方式，增加思考的靈活性，學會客觀思考問題，而不要鑽牛角尖。而一個常用的訓練法是寫「負面想法」的日記，內容包括日期、情景，當時的情緒（記下憂鬱、焦慮的程度，用零表示無，用一百表示最強），「負面想法」要及時記下，以便糾正。

(3) 學會控制壓力

壓力無可避免，情緒和態度卻可以改變，下面介紹一些能消除情緒壓力的方法。

⇩ 當你感到有壓力時，邀幾個親朋好友聚餐，或看電影。

⇩ 尋找最近處理成功的一件小事，給自己獎勵，買一件禮物犒賞自己。

⇩ 分析壓力產生的原因，找出解決它的方法。

⇩ 找信任的人開懷傾談。

⇩ 預想情緒壓力的結果，做好充分的心理準備。

⇩ 如果是慾望或動機過高，每週要有一天用完全不同的興趣（打高爾夫球、畫畫、下棋、種花）調節。

⇩不要極端消耗精力，要懂得保存體力。

⇩要懂得多種休息方式，不要單調。

⇩如壓力已造成身體不適（如心絞痛、大量出汗、不眠、腸胃消化功能下降等），要認真對待，及早健康檢查。

⇩休閒時進行體育活動，但活動的時間不宜過長，運動不要過猛。

成功男人的十種良好習慣

成功的男性幾乎都具備良好的習慣，具體有：

(1)讓失敗成為一種財富

成功的道路絕不平坦，只有崎嶇陡峭，只有不屈不撓地奮鬥，讓失敗成為一種財富，才可以激發勇氣，增強意志，從失敗中總結出通向成功的道路。

(2)不怨天尤人

成功人士往往拒絕藉口，也從不怨天尤人。

(3)立刻行動

成功者從來不拖延，下定目標後馬上採取行動，因為成功不會自己找上門來，不要等待「時來運轉」。

(4)凡事三思而後行

任何成功都離不開正確的決策，而正確的決策離不開反覆思考，考慮進展時會遇到什麼問題、事先應做的哪些準備、完成以後會帶來哪些影響。

(5)真誠讚美別人

讚美別人並不困難，難的是要發自內心真誠讚美，而讚美可以收到許多金錢也無法取得的效果。

(6)學習成功的方法

向成功的人學習成功的方法，他們的方法經過實踐檢驗，也促使人有積極上進的力量。

(7)活到老學到老

在這個資訊爆炸的年代，若想不被社會淘汰，只有不斷學習，不斷累積知識。

(8)做時間的主人

要成為時間的主人，首先要學會安排工作，將每天應做的事情詳細記錄，可以分清事情的輕重緩急；其次，要善於將工作歸類，類似的工作一起完成，能提高工作效率。

(9)寬容待人

要取得成功，就要與各種不同的人打交道，就要懂得寬容待人。

(10)學會審時度勢

聰明的競爭者，應時刻關注時勢發展。

成功男性的十種心理調適

人生本來就在起落中度過，不用懼怕失敗。當然，面對困境需要有好的心態，而如何保持好的心態？

(1)讓事情和工作充實自己

想驅散消極憂慮的情緒，最好的辦法是找事情做，讓工作充實自己。當你投入工作之中，或為某些事情忙碌時，煩惱自然會離你遠去。

(2)不要生活在過去

過去的已成定局，煩惱以前的錯誤毫無意義，唯一有益的辦法就是冷靜分析過去的錯誤，吸取經驗教訓。

(3)準備好接受最壞的結果

林語堂說：「若能接受最壞的情況，就能讓你發揮出新能力。」若連最壞的結果我們都無所畏懼，還會怕別的失敗與困難嗎？

(4)不要輕易放棄夢想

成功到來前，往往要經受各種挫折。如果一遇挫折就對前途有所動搖，潛意識就不會播下不良的種子，終將失敗。

(5)做命運的主人

只要我們能認識自我，及時彌補自身的弱點，不斷完善自己，命運也就把握在自己手中了。

(6)面對不利的環境學會忍耐

成功之所以令人歡呼，是因為來之不易。在成功到來之前，往往會遇到各種不利的環境和條件，這就需要我們先學會忍耐和等待。

(7)從失敗中看到成功

許多人在看到強者的成功時，羨慕不已，喊著要敢於冒風險，卻對自己行動中哪怕是微不足道的失敗都沮喪不已。要想成就大事業，就不要害怕和失敗打交道，因為失敗乃成功之母。

(8)不能急功近利

任何成功不是一朝一夕便能取得。急功近利者更容易頭腦發熱，看到眼前利益和局部利益，而不考慮長遠利益和整體利益，只會為將來的慘敗埋下種子。

(9)坦然面對得失

當我們苦苦追求的美好事物從眼前消失時，面對既成的現實時，煩惱苦悶沒有用，只能理智地看待得失，坦然相對，泰然處之。

(10) 果斷面對選擇

果斷的性格，能使我們在遇到困難時，克服不必要的猶豫和顧慮，勇往直前，幫助我們堅定排斥膽小怕事、顧慮過多的庸人心理，將精力集中於計劃本身，加強自己執行計畫的能力。

男人減壓良方

曾經有一句「其實男人更需要關懷」的廣告語，讓眾多男子為之觸動。如今，許多男人整天都面臨來自事業與家庭的壓力，在焦頭爛額，手足無措之餘，不少人開始酗酒、賭博甚至吸毒，以此尋求解脫。

那麼，如何減輕工作與生活的壓力？

一是多交朋友，這裡的朋友不是商業上、酒席上的酒肉朋友，而是真正的知音，可以真誠相待的人。原來家庭成員、同事朋友都是個人支持系統，但遺憾的是，很多時候這種關係徒有其表，無真正的互動。只有建立起真正的支持系統，才不至於孤立無援。

二是尋求心理諮商師的幫助，專業的心理諮商不僅可以幫你應對生活壓力，解除情緒困擾，更可以幫助你反省，促進成長。閱讀一些心理諮商讀物，對調適心理壓力也會有幫助。

最重要的是，保持對自己身心狀況高度敏銳，因為身心健康是生活與事業的基礎。心理問題有時也像身體疾病一樣，積少成多，對個人生活的影響（往往是潛意識的）也越大，處理起來也就更為複雜。

隨時檢閱你的生活，淘汰掉不適宜的陳規，就會更加輕鬆。

初次約會四大忌

千里姻緣一線牽，初次見面事關是否能成就美好的姻緣，因此務必要小心行事。印象良好就能發展戀愛關係，否則就告吹，那麼如何在第一次約會時贏得對方好感呢？關鍵要注意以下幾點：

(1) 切忌態度傲慢不真誠

初次約會，應該準時赴約，這樣才表現出誠意；萬一意外遲到，一定要說明原因，並表示歉意。見面後不宜過分羞澀，也不要太拘束，應該落落大方。與對方交談時切忌心不在焉，或者目不轉眼地盯著對方。

(2) 切忌談吐不雅

一般來說，初次約會最好主動開話題，避免長時間冷場。談話內容力求通俗廣泛，提問宜短，使對方能夠回答，也樂於回答。可以談工作學習、興趣愛好、生活瑣事，不要使對方茫然，感到難堪，更不宜問一些難以啟齒的問題。如對方無反應，必須迅速切換話題。

可以自我介紹，包括家庭成員與個人愛好、特長等，但切忌自我吹噓。

(3) 切忌矯飾

初次約會，穿著應比平常講究一點，這是重視約會、尊重對方的表示，尤其要注意領口是否整潔。

(4) 切忌失去分寸

初次約會時，說話、提問題特別掌握分寸。儘管你已鍾情對方，可對方不一定滿意自己。所以有些話，應該更熟後再向對方傾吐，過早地吐露，很可能會適得其反。

你的男友／老公學分合格嗎？

結束了浪漫的戀愛，走入婚姻圍城，男人應該體貼妻子，用博大的胸懷看待家庭瑣事。當妻子向你興致勃勃地講述，哪怕是她一天中最小的歡樂或煩惱，都應該盡量專注聆聽，並給予回饋。自己也可以利用一些生動形象的小故事、笑話或有趣的新聞，活躍家庭氣氛。

當你做錯事時，應該勇於承認錯誤，這樣不但可以得到妻子的諒解，更可以減輕你心中的負擔；而當妻子做錯事時，要先冷靜了解問題的全面，適度寬容，慎重處理，並有條有理的說明。

當妻子生病、憂愁或由於某種原因而感到不安時，你應盡可能地安慰開導她。

允許妻子和別的男子正常來往，不要過分嫉妒或猜疑，如她被邀請參加婚禮、晚會、舞會的時候，你應盡量和她在一起，切不可使妻子有被冷落的感覺。若你曾答應陪妻子看電影或送她禮物，一定要按時履行諾言。

如何知道女人喜歡什麼樣的男人？

對家庭主婦而言，家是工作場所，她永遠面對著存貨不足的冰箱、未刷洗的地板、未洗的成堆衣服、還沒煮的晚餐、待吸的地毯，以及孩子的瑣事。

有些女人很難離開孩子，她們心中充滿焦慮，而你必須說服她：如果不偶爾脫離孩子，唯一可能發生的悲劇，就是你們會失去親密。請記住，在這期間必定會花費時間、金錢和精力，但聰明人會將這些用於留下美好回憶，而不是花在婚姻顧問的辦公室中。全心全意花與相愛的人共處，將為你重新注入能量，使你精力充沛，思路清晰。

如果你要跟妻子或女友共處一段時間，必須注意穿著打扮。有些女人認為自己值得男人花費一番力氣追求，所以當你特別費心安排跟她共度的時間，她會認為這是你傾心的證明。

我們能從一個女人討厭什麼樣的男人，推斷出她需要、或喜歡什麼樣的男人，而如果你對會引起女性反感的行為渾然不覺，你就永遠不可能向對方證明你是一個多好的男人。

如何對待絮絮不休的妻子？

有一種女人，一下班就會滔滔不絕地訴說公司裡的遭遇，她講得那麼認真，以至想打斷她都很難，該怎麼辦？對待這種情況的態度有三：一是耐心聽完，而對你的友好態度，她會感到高興；二是嫌她煩，而她對你的態度也感到掃興；三是木然聽之，她說她的，你想你的，對她的提問卻一問三不知。當她知道你在應付，很可能就不再講下去了，或者抱怨你的不關心。

其實，應該理智而熱情地對待熱愛分享的妻子。人總需要有情感傾訴和轉移的地方，心理健康的人，自我消化情緒的能力比較強；但縱然是自制力很強的人，也有無法消化的煩惱，這時如果能有「知心人」耐心聆聽，是何等快事！

情感既要轉移，就得有轉移的對象，而最合適的對象，就是家庭成員。有些話對別人不能說，對戀人卻沒有什麼可保密的。所以，當妻子喋喋不休的時候，事實上是對你寄託著很大的期望，她希望得到諒解、支持和信任；如果你經常使她這種期望落空，感情一定會被破壞。

粗暴對待或木然置之都會讓妻子心生不快，唯一的辦法就是耐心傾聽，使妻子一吐為快，再勸慰幾句，便能引水滅火。所以，對妻子的話語採取寬容、諒解的態度，有利於夫妻感情融洽和性格協調。誠然，在「耐心聽完」之後，再對妻子傾訴情感的方式和時機表示意見，既合理解決矛盾，又可促進夫妻之間感情，何樂而不為？

如何對待不做家事的妻子？

妻子不做家事一般有兩種情況，一種是忙著工作或學習，無暇顧家；另一種情況是不習慣、或不會做家事。對於前一種情況，丈夫應該體諒妻子，在雙薪家庭中，夫妻都有承擔家事的義務，丈夫不能認為妻子就是天生的「掃地婆」，自己做家事就是「妻管嚴」；妻子也不能將一切家事都推給丈夫。但是，夫妻共同操持家務，不等於平均分配，在這個問題上要實事求是，如果妻子確實很忙，丈夫就應該盡量多承擔家務，以減輕妻子負擔，能夠增進夫妻感情。

如果屬於後一種情況，丈夫也不要與妻子爭吵，而要耐心告訴妻子分擔家事的重要性，向妻子講明自己一個人做家事的沉重負擔；也可以告訴妻子，創造一個良好的家庭環境，不僅有利於工作和學習，而且有益於身體健康。

要是因為妻子從前沒有操持過家務，那就更不應該責怪，一時做不來也不要勉強，可以與妻子共同學習實踐，必要時還可以請岳母指點，多鼓勵妻子的進步。比如，當你看到妻子將屋子打掃得很乾淨時，你可以表現得特別高興，妻子以後就會更加努力。

如何對待愛交際的妻子？

交際是生活中一項重要的內容，然而交際有時會引起家庭震盪。有的妻子積極參加社交，卻遭到丈夫阻撓，造成夫妻間的矛盾，丈夫憂鬱，妻子苦惱，對夫妻關係形成威脅，丈夫應該如何正確對待這一問題？

首先，需要改變觀念。家庭僅僅是社會中的一個細胞，廣泛的社會活動是人們不可缺少的內容。遠離豐富多彩的社會生活，雙方守在小家庭裡，生活必然過於單調乏味、孤獨寂寞。社交是夫妻雙方的正當權利，丈夫應尊重妻子參加正當交際。

其次，信任妻子。愛妻子首先要信任妻子，不論妻子守在自己身邊，還是參加社交，都不能隨意猜疑。誠然，社會交際會接觸異性，但與異性交往並不表示會棄舊變心。儘管有的人喜新厭舊，拋棄丈夫，但畢竟是少數，這種人即使將她關在家裡，同樣會發生意外，問題在於妻子本身的道德品行，而並非社交的罪過。

再次，積極引導。社交場所畢竟不同於家庭，來往的人十分複雜，對初涉社會的女性，確實應提高警惕，防止受騙。作為丈夫，要積極引導，將社交中應注意的問題，反覆向妻子說明，經常提醒。

最後，及時解決才是根本辦法。如發現妻子在社交中出現一些不良傾向時，丈夫要及時解決，切不可等事情鬧大了再處理。

如何對待不會理財的妻子？

有些女人出生在富裕家庭，花錢無度，不懂得記帳，總是喜歡什麼就買什麼，必然會使家庭出現「財政赤字」。

對待這樣不懂得理財的妻子，有些丈夫不會主動解決矛盾，任妻子隨意開銷，只知道伸手跟妻子拿錢；等到妻子沒錢了，他才明白問題的嚴重性，便指責妻子；而如果妻子沒有將錢的用途交代清楚，便隨意猜疑，甚至懷疑妻子是否偷偷拿走。

那麼，如何正確對待不會理財的妻子呢？

首先，要改正妻子對積極消費的認識。積極消費要求人們量力而行，依據個人的經濟能力，在可能的條件下，逐漸提高生活水準，不可操之過急；若超過了自己的經濟條件，必然會受到「經濟危機」的懲罰。

家庭理財的基本原則是量入為出，精打細算。為了便於理財，最好記錄家庭收支，將每月全家總收入，包括獎金及其額外收入寫下，再依據這個總收入，安排生活的各項支出。首先列出糧食、蔬菜的開銷和水電費、房租，再安排出一些額外費用，以應付臨時開銷，如客人，親朋好友的喜事等。總收入減掉這些項目的總支出，餘下的就是儲蓄。按照這樣的計劃理財，就能將家庭生活安排得充裕合理，不會出現「經濟危機」。如果妻子有要求，丈夫也可以與妻子討論收支計畫，使計畫更貼近實際。

如何對待不孝敬長輩的妻子？

妻子不孝敬公婆，是不少丈夫的頭痛問題。作為丈夫，應先控制住自己的感情，迫使自己冷靜下來，耐心開導、規勸妻子。而丈夫不能單要求妻子孝敬自己的父母，自己也要孝敬父母。

另外，若要妻子孝敬公婆，丈夫也要孝敬岳父母，這點很重要。如果岳父母喪失了勞動能力，做女婿的也有孝敬的義務，使妻子真正覺得丈夫是個真心實意孝敬老人的人，就會更尊敬、熱愛丈夫，也不好意思不孝敬公婆了。

第六章 男人女人

男人既勇又愚、既強又弱、既直又虛，精彩紛呈；女人既柔又剛、既美又醜、既精又愚，千姿百態，這才是真正的男人女人。

創造一次完美約會

第一次約會的成功與否，直接決定著對方是否同意第二次約會。也許在和對方見面時，你會展現出十足的魅力；也許在電話裡，你言語機智幽默；但真正的考驗還是在初次約會的時候。在約會一開始，每個人都會拿出最佳狀態，而如果你稍有得罪，對方可能擔心往後是不是會越來越糟，來看看應該如何正確處理一些約會上的小細節：

(1) 讓對方決定

聰明的做法，就是提出兩種以上的建議，供對方考慮，這樣你還可以讓對方補充意見。「不管對方喜不喜歡，帶頭提出建議表示你有能力照顧她，意味著你和她的關係有可能更進一步。通常，女人評價男人的關鍵之一，就是男人是否有主見，是否能照顧好自己。」你覺得應該對服務生友善，也不要表現得太自來熟。「如果一個男人很喜歡與別人搭話，他給人的印象是不太可靠──因為他想要讓每個人都喜歡自己，而不僅僅是他身邊的女人。」

(2)仔細傾聽

心理學家提醒男性，在道晚安前要明白以下五點：她最好朋友的名字；她的工作職責；她的職涯規劃；她的娛樂活動；她最後一次見到家人的時間。「當我們談論自己的時候，我們總希望聽的人喜歡自己。所以，初次約會時讓她談論自己，將為你帶來美好的收穫。」要想得高分，不妨在見面後打電話給她，並提及她曾說過的一些事實。

(3)不要當哲學博士

女人自然希望男人能了解自己的心事，但是當你對她說「你是那種……女孩」時，只會讓她生氣，不管你是不是在奉承她，總會讓她有一種被輕視和被低估的感覺，你只要認真去聽她說的話就行了。

如何才能獲得女人的好感？

由於社會上多種因素潛移默化的影響，許多女人會在心中塑造「理想型」。這個模型可能很具體，有時是以真實的人為模板，有時是將幾個人的優點合在一起，希望將來的愛人能像自己想像的那樣，既忠誠又有風度，有才華又有好工作；有些文化素養高的女人，想法更抽象，無法用語言描述。男子若希望得到某位女人的好感，就要透過她周圍的熟人、同事側面了解，最好直接從與女人的接觸中觀察，推測她的「理想型」，然後盡量滿足其合理的要求。

在戀愛時，應該互相尊重，體貼對方，但務必切記：不可過早接觸對方的身體。否則，有些人會以你的粗魯、不講分寸，對你產生厭惡。

當戀愛時機已趨成熟，應該主動地想一想可以給對方些什麼，不致將愛情建立在金錢和物質的基礎上。

哪些徵兆表示女人愛上你？

男人總希望早點知道，女人是否愛自己？要知道這一點並不困難，你只需要仔細觀察：

她常有意和你在一起，總有一個藉口來找你。

她很關注你的社群動態，會主動詢問你工作或學習上的情況。

她很樂意將你介紹給她的家人、親友、同事。

你拿到好成績，她比你還高興；你遇到困難，她比你更著急。

在你們相處的日子裡，你做過一些什麼事，說過一些什麼話，她記得比你還清楚。

她很希望知道你家裡的事，也常常問及你關心的事物。

你的衣著外貌、情緒有變化時，她反應特別靈敏。

她會主動送一些你需要、你喜歡的東西當禮物。

她的興趣愛好漸漸和你一致，即使不完全相同，表面上她也不會使你失望。

她會及時回覆你的訊息，絕不會拖好幾天（特別情況除外）。

如果她有以上徵兆，說明她已經愛你了；不過，這還僅僅是愛的萌芽，要讓它破土、生根、開花，還需要自己辛勤澆灌。

如何觀察女人是否適合你？

當有人對自己產生好感，應要進一步觀察，判斷她是否適合成為戀人：

(1)以冷靜的態度把握激情

當占有欲主宰理智時，就很難駕馭自己，一旦感情激動，就很容易憑印象做事。

(2)以坦率打開女人的心扉

面對愛情要坦率真誠，不做作矯情，不要有所保留，這樣對方也會受到你坦率的影響，自然向你敞開心扉。

(3)多樣化的了解方式

有些男人僅僅與女人在公園散步、逛街，但這種單調的交往方式並不能全面了解女人的性格特質。你可以與戀人參加更多活動，在豐富的活動中，就能深入了解對方獨立生活能力、社交能力以及人格特質等。

(4)將女人與周圍人的關係當作鏡子

有些男人認為，在戀愛階段難看清女人的「廬山真面目」，而對今後生活抱著一種禍福未卜的憂慮感。其實，只要認真觀察女人與周圍人如何相處，就能有初步的概念。

愛情觀的五大誤區

愛情的成敗與個人愛情觀有密切關係，不同的愛情觀會結出不同滋味的果實，而愛情觀的誤區也常使人悔恨終身。因此，有必要澄清一些愛情誤區，幫助人們建立完美的愛情，常見的愛情觀誤區有如下五個方面：

(1)當你無可自拔的深陷愛情時，將無暇做其他事情

這種看法極其錯誤，愛情能提升你的能力，增加你的動力和精力，也能激發想像力，使人們更熱切地實現目標。

(2)女人的愛情需求與男人的不同

這種看法極其錯誤，男人和女人都需要別人的愛、讚美和保證。

(3)愛情的對立面是仇恨

這種看法極其錯誤，如果愛情有對立面，最有可能的應該是冷淡。

(4)男人對性愛比對愛情更感興趣

這種看法極其錯誤，一項對四千多個男人的調查表明，三分之一以上的人認為愛情是生活中最重要的事情，而另外三分之一的人認為愛情能使性生活更加美好。

(5)男人更擅長處理嚴肅的愛情問題

這種看法極其錯誤，曾有統計表明，因為愛情問題受挫而自殺的男人是女人的三倍。

愛情觀的誤區遠遠不止以上這些，但以上這五大誤區必須努力迴避。

戀愛是男人一生的小部分，卻是女人的全部

有些女性會對結婚特別焦慮，最糟的一點就是不斷催促對方，自己卻幫不上忙。而有責任感的男人，會立刻想到往後的生活該如何安排、住房如何選定，以及未來的日子如何計劃等問題；同時，男人有時甚至會因這種強大的精神壓力，而引起一股叛逆，進而考慮解除婚約或是繼續拖延，於是便產生了「戀愛是美麗的誤解，結婚是悲哀的理解」的觀點。

總之，對結婚的看法差異越大，婚姻就越難圓滿，甚至因此導致離婚。但一旦選定了做為丈夫的男人，不管以後發現對方是什麼樣，都要切記：「他是自己選的」。

九個浪漫構想，讓你的男人自覺不同凡響

以下九個浪漫構想，可以留下良好的印象給戀人，使她幸福動情：

(1) 買一些特別的東西：買一些她愛看的雜誌、愛吃的食物，回家送給她，並告訴她，她值得無數禮物。

(2) 讓她休息：如果你們有年幼的子女，週末晚上可以給她一個驚喜，例如在枕頭上放一朵玫瑰和一張便條說：「妳明天愛睡多晚就睡多晚，我負責照顧孩子。」

(3) 休一天假：如果公事允許，為她休一天假，陪她聊天散步，或一起購物。

(4) 公開表示親密：在公共場合時牽她的手，或摟住她的肩膀。

(5)讚美她：當有別的夫妻在場時，當著他們的面稱讚戀人，她或許會不好意思，但心中會很高興。記住：在別人面前讚美一個人，效果是私下讚美的三倍。

(6)計劃去野餐：計劃一次老式的野餐郊遊，買些美酒、鮮花和食物，找個隱祕的地點享受溫暖的陽光。

(7)計劃一起做飯：選一些兩人都不曾嘗試過的新食譜，挑一些你們覺得有趣的菜色，一起買菜、一起下廚。

(8)讓她放鬆：買她最喜愛作家的新書，並在晚餐時交給她，讓她在沙發上輕鬆一下，你負責收拾碗盤。

(9)藝術作品：將雜誌上的照片和你覺得適用於你們兩人的話剪下，並跟她分享你選擇這些圖片和文字的理由。

感情的滿足代表你必須額外的付出、善待她，還有最重要的，你必須使她覺得，她對你比世界上任何人都更要。

別做女人不喜歡的十六種男人

在男人眼裡，有一些女人不受歡迎；同樣，在女人眼裡，也有一些男人不受歡迎，而根據調查，以下十六種男人最不受女人歡迎：

(1)心胸狹窄，小家子氣，凡事很斤斤計較的男人。

(2)言論無味，衣冠不整，自認為有風度的男人。
(3)油腔滑調，搖頭晃腦，卻自認為瀟灑的男人。
(4)工作怕累，不求進取，終日無所事事的男人。
(5)軟弱無能，膽小怕事，毫無男子氣概的男人。
(6)油嘴滑舌，油腔滑調，擅長騙財騙色的男人。
(7)言行不副，表裡不一，只動嘴不動手的男人。
(8)高高在上，唯我獨尊，有大男人主義的男人。
(9)閒逛放蕩，得過且過，對家庭不負責的男人。
(10)評頭論足，說三道四，不懂尊重女人的男人。
(11)喜新厭舊，見異思遷，不重夫妻感情的男人。
(12)尖酸刻薄，斤斤計較，對人寸步不讓的男人。
(13)不修邊幅，頭髮蓬亂，生活放浪形骸的男人。
(14)品行不正，粗話滿嘴，開玩笑無限度的男人。
(15)妻子出門，疑神疑鬼，疑心病非常重的男人。
(16)見縫插針，兩面三刀，蓄意挑撥是非的男人。

維持幸福婚姻的祕訣

有各式各樣不幸的婚姻，但幸福的婚姻卻大致相同。與人相處，尤其夫妻相處時，需要適當的姑息、原諒和包容，人與物的關係很簡單，但人與人的關係卻很複雜，讓我們來看看維持幸福婚姻的十五個祕訣——

(1)不要強迫對方改變。
(2)有時使用對方的遊戲規則。
(3)反省自己——態度、想法，對伴侶的滿意度。
(4)保持獨立思考的習慣。
(5)互相溝通，不是只有順從才可以激發愛意。
(6)少說多做。
(7)努力包容對方的缺點。
(8)提醒自己不要有習慣性偏見。
(9)認識到每個男人都應該因為自己的獨特受到讚美。
(10)忽視細節，例如與伴侶的口味並非完全一致。
(11)小分歧不意味著你們不再相愛。
(12)不要玩心理分析遊戲，有疑慮就大方說出來。

(13)不要認為彼此的愛理所當然，性和深沉的愛都強而有力，但同時又都非常脆弱。
(14)不要草率結婚（許多人真正明白這一點時，都有些為時已晚）。
(15)停止怒目相向，良性溝通。

為了沒有對錯的事吵架，是家庭生活中最常見的一大誤區，埋怨爭執的結果，只會傷害雙方感情，導致婚姻失敗。

吵架「八不」原則

打是情，罵是愛，但那也僅僅是戀愛的玩笑，爭吵難免，但絕對不能打架，應遵循「八不」原則，否則會傷及感情：

(1)動口不動手

一旦出手，就可能演變成「敵我矛盾」，必大傷感情。

(2)不翻舊帳

切忌將對方的錯事背得滾瓜爛熟，一吵架就如數家珍，鉅細靡遺。

(3)就事論事

有些人很會「牽拖」，本來是吵對方為什麼半夜十二點才回家，最後連他亂丟襪子、錢賺太少也一起搬出來，沒完沒了。

(4)絕不「株連」

切勿一吵架就「問候」對方祖宗八代：「你媽沒教你……」、「你跟你爸一樣沒用……」，這樣不但傷感情，還可能演變成家族大戰。

(5)家醜不外揚

有些人不夠冷靜，一吵架就跟朋友抱怨對方，這樣不但會讓對方懷恨在心，還會讓外人看笑話。

(6)不拿床事攻擊對方

如有人對「性無能」很敏感，如果以此攻擊，對方會非常難過，甚至惱羞成怒造成嚴重的後果。

(7)不要貶低對方外貌

身高不高，跟不求上進無關；相貌不佳，以前怎麼沒嫌棄？凡是對方無能為力的事，都不能當作爭吵的話題。

(8)不提舊情

「當年我要是沒有跟○○分手就好了」、「○○比你溫柔」，說這種話，就像在對方心裡留下一個死結，對方甚至會認為你「背叛通敵」。

婚姻中的十大地雷

一戒：動輒提出離婚。夫妻吵架在所難免，問題是要正確處理這些矛盾，盡量大事化小，小事化了。

二戒：以自己的習慣統一家庭。對於伴侶的習慣，即使是些小毛病，也要努力包容。

三戒：經濟「獨立作主」。不少夫妻為金錢而反目，家庭開銷應要共同商量，夫妻各自存「私房錢」，往往會產生家庭矛盾。

四戒：無故遲歸和外宿。

五戒：回家出氣。在外面遇到不愉快的事，不應在家中暴躁發怒，而應冷靜和緩的向對方傾訴。

六戒：出現「也許」念頭。夫妻感情出現裂痕，切忌產生「也許我和另一個人結婚會更幸福」、「也許我不結婚更好」等念頭。

七戒：互相猜疑。猜疑是愛情的蛀蟲，夫婦雙方都有權與異性正常交往，切勿因此而無故猜疑，更不要監視對方。

八戒：在子女面前互相揭短。

九戒：分清楚婆家、娘家，切忌厚此薄彼。

十戒：「男主外，女主內」的思維。尤其是雙薪家庭的夫妻，更應該平等分擔家事，共同照顧孩子。

雙方要勇於自責

品德高尚的人，心胸坦蕩，不掩飾自己的缺點，勇於批評和自我批評；涵養不夠的人，心胸狹窄，虛榮心強，不僅無法接受別人的批評，而且也不願自我批評。

與伴侶產生矛盾時應該先彼此自責，而不應該指責。當你知錯時，最好在別人指責之前，搶先認錯，這會使雙方都感到愉快。自我批評比承受別人指責好受很多，為什麼？因為自責本身，既承認了對方的自尊，又維護了自己的自尊；指責就不同，對方也往往不領情，為什麼？因為指責就是否定了對方的自尊，必會遭到「反抗」。所以，自責是解決矛盾的最佳辦法。

有些情侶發生矛盾時，為了保全面子，雙方都不肯認錯。有些男人會認為，被女人吃定很沒面子，或是虛榮心太強，明明知道是自己的錯誤，也絕不認錯。因此發生衝突時，即使不能肯定自己是否錯了，也最好先表示歉意。而表示歉意時，一定要及時認真、有誠意，千萬不要推遲道歉，因為事後的道歉不會有多大效果。面對主動道歉，多數人會顯得不好意思，會回過頭加倍報答，因為你滿足了對方的虛榮和自尊。

家庭和睦的實用祕訣

美滿的婚姻，從小層面上說，有利於身心健康、事業成功，與孩子的健康成長；從大層面上說，有利於社會的安定和發展。那麼，夫妻之間如何才能和睦？

(1)相互尊重

自尊是從人類幼年時期，就已經產生的一種非常強烈重要的情感。自尊心被滿足，心情就會愉悅；一旦受到傷害，就會帶來極大的痛苦。夫妻之間相互尊重，不僅能使自尊滿足，同時能加強互相的依賴。

(2)尊重對方愛好

愛好是一種心理需求，作為夫妻，必須尊重對方愛好，而不要加以限制。

(3)保留社交自由

一個人要學習，要工作，自然會與同學、同事、朋友交往；而一個人事業的成功，往往離不開別人的幫助，故社交活動十分重要。夫妻要允許對方的社交自由，這不僅不會影響愛情的專一，還會因對方的尊重和信任，有更深的愛意。

(4)盡量滿足性需求

健康和諧的性生活，是夫妻關係的潤滑劑，能使夫妻生活更加美滿幸福。如果夫妻一方有意疏遠，甚至懲罰性的分居，都會帶來不良後果，故夫妻要尊重對方的性需求，並盡量滿足。

(5)夫妻之間絕對忠誠

在夫妻關係中，雙方絕對忠誠是最重要的因素。因為相互忠誠，才會產生信任，使雙方關係融洽，身心健康，家庭和睦，才能精力充沛地學習、工作，在事業上取得成功，而成功又能為夫妻感情加溫。

伴侶間的四種語言

理解來自溝通，而溝通是一種藝術，夫妻可以從良好的溝通中獲得無窮樂趣，釋放快節奏帶來的緊張感。

夫妻之間的溝通包括夫妻間所有交流，例如丈夫一邊吹口哨一邊洗碗，通常是向妻子表示自己並不討厭洗碗。

夫妻之間通常有四種語言：

第一種是日常生活對話，例如「這鬼天氣，天天下雨」，這類語言不涉及感情色彩，具體實際，沒有風險。

第二種是表達說話者的意願，希望別人為自己改變態度，例如「不說了，我累了想休息」，在這種語言中權力大於協商，比第一種語言更加情緒化。

第三種語言是理性的對話，常用「你認為」、「你想」等說法，給人不反對異議的印象。

第四種是陳述自己的感覺，而不是發問，這類陳述很不安全，很有可能帶來麻煩，例如妻子說「我覺得你越來越不關心我了」，丈夫可能就會反唇相譏「那妳什麼時候關心過我呢？」

在這四種對話中，第三種最安全，給人空間和選擇，表現出寬容大度，也是人際交往最受歡迎的類型。其實，夫妻可以有更多種交流方式，比如：每天親吻；不要說「你」、「我」，而要說「我們」；不要抱怨指責，哪怕確實該指責；傾聽對方說話時不要像個律師；從對方的角度看事情；懷抱著希望能保護你們的關係；對配偶保持好奇。

不要自我中心

如果男人想博得女人好感，切記不要自我中心。自我中心的男人，開口閉口都只有談自己，對伴侶的一切卻不聞不問。當一個男人將自我和事業擺在伴侶前面，他發出的訊息是：「我最重要。」

一個男人因故晚回，卻懶得打電話，絕不是因為別人在等他吃飯，而在於他不夠重視伴侶；但如果他跟客戶有約，無法及時趕到，就一定會打電話通知客戶。

有野心的男人，固然對女人別具吸引力，因為他能帶來財富權勢，甚至名望；但與野心勃勃工作狂交往的女人，通常會非常寂寞，而且會發現自己付出的代價太過昂貴，因為無法結伴出遊、去電影院，衣著首飾也沒有機會展示給對方欣賞。

有些男人一開始會認為，靠賺錢多寡才能判定自己的價值；但最後他們會發現，唯有在賺錢和「遊戲」取得平衡，才不至於失去家人朋友，以及自己。抽空放鬆，欣賞日出日落、度假、打高爾夫、打網球、騎馬、到沙灘或林中散步，准許自己輕鬆一下，擺脫日常的責任，不但能平衡熾烈的野心，還能助長它發展。

受歡迎的男人有哪些特質？

女人喜歡什麼樣的男人？受歡迎的男人有哪些特質？

(1)對自己的外表充滿信心，並且會隨時注意自己的儀容。
(2)不會刻意追求女人的外表。
(3)對小動物充滿愛心。
(4)言談幽默機智。
(5)規律運動。
(6)乾淨整潔。
(7)對孩子充滿愛心。
(8)尊重女性。
(9)誠實守信。
(10)懂禮貌，臉上常帶笑容（沒有禮貌是很致命的缺點）。
(11)保有純真的一面。
(12)具獨立解決問題的能力。
(13)不完全脫離潮流。

(14)不斤斤計較。

(15)腳踏實地，具責任心。

國家圖書館出版品預行編目（CIP）資料

不完美的他 / 她：缺憾是動人愛情的調味料，因為缺陷才有美好 / 章含，劉燁 著．-- 第一版．-- 臺北市：崧燁文化，2020.06
面；　公分
POD 版

ISBN 978-986-516-250-4(平裝)

1. 兩性關係 2. 成人心理學

544.7　　　　109007996

書　　名：不完美的他 / 她：缺憾是動人愛情的調味料，因為缺陷才有美好
作　　者：章含，劉燁 著
責　　編：簡敬容
發 行 人：黃振庭
出 版 者：崧燁文化事業有限公司
發 行 者：崧燁文化事業有限公司
E-mail：okservice@gmai
粉 絲 頁：　　　　網 址：
地　　址：台北市中正區重慶南路一段六十一號八樓 815 室
8F.-815, No.61, Sec. 1, Chongqing S. Rd., Zhongzheng Dist., Taipei City 100, Taiwan (R.O.C.)
電　　話：(02)2370-3310 傳　真：(02) 2388-1990
總 經 銷：紅螞蟻圖書有限公司
地　　址: 台北市內湖區舊宗路二段 121 巷 19 號
電　　話:02-2795-3656 傳真 :02-2795-4100　　網址：
印　　刷：京峯彩色印刷有限公司（京峰數位）

定　　價：320 元
發行日期：2020 年 06 月第一版
000001
◎ 本書以 POD 印製發行